はじめに

　今の子供たちやこれから誕生する子供たちが，成人して社会で活躍する頃には，我が国は厳しい挑戦の時代を迎えていると予想されています。生産年齢人口の減少，グローバル化の進展や絶え間ない技術革新等により，社会構造や雇用環境は，大きくまた急速に変化しており，予測が困難な時代となっています。

　このような時代の中でも，児童一人一人が，社会の変化に受け身で対応するのではなく，主体的に向き合って関わり合い，自らの可能性を発揮し多様な他者と協働しながら，よりよい社会と幸福な人生を切り拓き，未来の創り手となることができるよう，児童の生きる力を育むことが目指されています。

　「キャリア教育」という用語が文部科学行政関連の審議会報告等で初めて登場したのは，中央教育審議会答申「初等中等教育と高等教育との接続の改善について（平成11年12月）」においてでした。本答申では「学校教育と職業生活との接続」の改善を図るために，小学校段階から発達の段階に応じてキャリア教育を実施する必要があると提言されています。

　その後，様々なキャリア教育推進施策が展開されましたが，平成18年におよそ60年ぶりに改正された教育基本法においては，「各個人の有する能力を伸ばしつつ社会において自立的に生きる基礎を培う」ことが，義務教育の目的の一部に位置付けられました。翌年改正された学校教育法では，新たに設けられた義務教育の目標の一つとして「職業についての基礎的な知識と技能，勤労を重んずる態度及び個性に応じて将来の進路を選択する能力を養うこと」が定められ，小学校からの体系的なキャリア教育実践に対する法的根拠が整えられました。

　また，平成23年1月の中央教育審議会答申「今後の学校におけるキャリア教育・職業教育の在り方について」では，幼児期の教育から高等教育までを通したキャリア教育・職業教育の在り方がまとめられました。さらに，平成29年改訂の小学校学習指導要領では，「児童が，学ぶことと自己の将来とのつながりを見通しながら，社会的・職業的自立に向けて必要な基盤となる資質・能力を身に付けていくことができるよう，特別活動を要としつつ各教科等の特質に応じて，キャリア教育の充実を図ること。」と示されました。児童に学校で学ぶことと社会との接続を意識させ，一人一人の社会的・職業的自立に向けて必要な基盤となる資質・能力を育み，キャリア発達を促すキャリア教育の充実を図ることが求められています。

　小学校におけるキャリア教育は，初等教育から高等教育に至る系統的・組織的なキャリア教育の基盤として極めて重要な意味を持ちます。文部科学省では，その重要性に鑑み，学習指導要領の改訂に伴い，『小学校キャリア教育の手引き』も改訂する運びとなりました。本書が，各小学校はもとより，関心をお持ちの多くの方々に広く活用され，キャリア教育の指導内容・指導方法の充実に役立てられることを念願しております。

　末尾となりましたが，本書の作成に当たり御尽力を賜りました作成協力者及び関係の皆様に深くお礼申し上げます。

令和4年3月

文部科学省初等中等教育局長

伯　井　美　徳

小学校キャリア教育の手引き
－小学校学習指導要領(平成29年告示)準拠－

目次

●はじめに

第1章

キャリア教育
とは何か

　近年，日本社会の様々な領域において構造的な変化が進行している。特に産業や経済の分野においてはその変容の度合いが著しく大きく，雇用形態の多様化・流動化にも直結している。また，学校から職業への移行に問題を抱える若者が増え，社会問題ともなっている状況である。児童生徒に視点を移せば，自分の将来のために学習を行う意識が国際的にみて低く，働くことへの不安を抱えたまま職業に就き，適応に難しさを感じている状況がある。また，身体的には成熟傾向が早まっているにも関わらず精神的・社会的自立が遅れる傾向があることや，勤労観・職業観の未熟さなど，発達上の課題も指摘されている。このような問題を背景としつつ，今日，一人一人の社会的・職業的自立に向け，必要な基盤となる能力や態度を育てることを通して，キャリア発達を促すためのキャリア教育の推進・充実への期待が高まっている。本章では，日本におけるこれまでのキャリア教育推進施策の展開を振り返り，その過程で生じてきた課題を整理する。

（1）若年者の雇用・就労問題の顕在化とキャリア教育の提唱

　文部科学行政関連の審議会報告等で，「キャリア教育」が文言として初めて登場したのは，平成11年に中央教育審議会答申「初等中等教育と高等教育との接続の改善について」（以下：接続答申）であった。接続答申では「学校教育と職業生活との接続」の改善を図るために，小学校段階から発達の段階に応じてキャリア教育を実施する必要があると提言した。

> **第6章 学校教育と職業生活との接続**
> 　新規学卒者のフリーター志向が広がり，高等学校卒業者では，進学も就職もしていないことが明らかな者の占める割合が約9％に達し，また，新規学卒者の就職後3年以内の離職も，労働省の調査によれば，新規高卒者で約47％，新規大卒者で約32％に達している。こうした現象は，経済的な状況や労働市場の変化なども深く関係するため，どう評価するかは難しい問題であるが，学校教育と職業生活との接続に課題があることも確かである。
>
> **第1節 学校教育と職業生活の接続の改善のための具体的方策**
> 　学校と社会及び学校間の円滑な接続を図るためのキャリア教育（望ましい職業観・勤労観及び職業に関する知識や技能を身に付けさせるとともに，自己の個性を理解し，主体的に進路を選択する能力・態度を育てる教育）を小学校段階から発達段階に応じて実施する必要がある。キャリア教育の実施に当たっては家庭・地域と連携し，体験的な学習を重視するとともに，各学校ごとに目標を設定し，教育課程に位置付けて計画的に行う必要がある。また，その実施状況や成果について絶えず評価を行うことが重要である。

　ここに示されるように，接続答申は，新規学卒者のフリーター志向の広がり，若年無業者の増加，若年者の早期離職傾向などを深刻な問題として受け止め，それを学校教育と職業生活との接続上の課題として位置付けた上で，キャリア教育を提唱している。若年者の雇用・就業上の問題をめぐる危機意識に基づいたキャリア教育推進の提唱と言える。

　このようなキャリア教育の捉え方は，平成15年6月，文部科学大臣，厚生労働大臣，経済産業大臣及び経済財政政策担当大臣からなる「若者自立・挑戦戦略会議」がとりまとめた「若者自立・挑戦プラン」にも顕著に見られる。同プランは，キャリア教育の推進を重要な柱の一つとしているが，それは，若年者の雇用問題を「深刻な現状と国家的課題」として認識し，政府全体としてその対策を講ずる枠組みの中に位置付けられたものである。

（2）キャリア発達に着目した能力論の提唱

　このような流れの中で，文部科学省及び同省の国立教育政策研究所生徒指導研究センター（当時：以下省略）においては，若年者雇用をめぐる緊急対策としての側面を超えたキャリア教育の理論的な基盤をめぐる研究が蓄積されていった。

　まず，国立教育政策研究所生徒指導研究センターが平成14年11月，「児童生徒の職業観・勤労観を育む教育の推進について」の調査研究報告書をまとめ，小学校・中学校・高等学校を一貫した「職業観・勤労観を育む学習プログラムの枠組み（例）－職業的（進路）発達に関わる諸能力の育成の視点から－」を提示した。本「枠組み（例）」では，「職業観・勤労観」の形成に関連する能力を，「人間関係形成能力」「情報活用能力」「将来設計能力」「意思決定能力」の四つの能力領域に大別し，小学校の低・中・高学年，中学校，高等学校のそれぞれの段階において身に付けることが期待される能力・態度を具体的に示した。キャリア発達（当該報告書の用語では「職業的（進路）発達」）の視点から児童生徒の発達の段階を捉え，それぞれの段階に応じた「能力（competencies）」の育成を図ろうとした点で，この「枠組み（例）」は大きな意義を有している。

　次いで，平成16年1月，文部科学省内に設置された「キャリア教育の推進に関する総合的調査研究協力者会議」から最終報告書がまとめられた。本報告書は，「キャリア教育を進めるには，児童生徒の発達段階や発達課題を踏まえるとともに，学校の教育計画の全体を見通す中で，キャリア教育の全体計画やそれを具体化した指導計画を作成する必要がある。その際，各発達段階における発達課題の達成との関連から，各時期に身に付けることが求められる能力・態度の到達目標を具体的に設定するとともに，個々の活動がどのような能力・態度の形成を図ろうとするものであるのか等について，できるだけ明確にしておくことが大切である」と述べ，キャリア発達の段階を基盤とした能力育成の重要性を一層明確にしている。その上で，国立教育政策研究所による前掲の報告書が提示した「職業観・勤労観を育む学習プログラムの枠組み（例）」について，「各学校においてキャリア教育を推進する際の参考として幅広く活用されることを期待したい」と評価した。

（3）職場体験活動への焦点化

　文部科学省が学校におけるキャリア教育実践の具体的な推進のために初めて予算を充てたのは，平成16年度である。そこでは，およそ1億4千万円の予算が，(1)インターンシップ連絡協議会の設置（全国会議），(2)キャリア教育推進フォーラムの実施（全国2会場），(3)キャリア教育推進地域の指定（小・中・高等学校における一貫したキャリア教育プログラムの開発（都道府県ごとに1地域）の指定）に充てられた。

　また同省は，平成17年度に「キャリア・スタート・ウィーク」事業を開始し，中学校における5日間連続の職場体験活動を推進するための全国キャンペーンを展開させ，平成20年度まで継続させた。本事業には平成17年度単独でも4億6千万円，4年間合計で11億円を超える予算が充てられた。

　多額の予算を割り当てたこのキャンペーンの影響は大きかった。例えば，平成15年度における中学校の職場体験活動の実施率は88.7％であり，そのうちの43％は1日のみの実施にとどまっていた。5日間あるいはそれ以上の期間にわたって職場体験活動を実施した中学校は，全体の7％に達しなかったのである。一方，その5年後の平成20年度には，職場体験活動の総実施率が高まって96.5％となったこ

とに加え，1日のみの実施がそのうちの13.6％に減少し，5日以上の実施が20.7％と大幅に増えている（各年度の国立教育政策研究所「職場体験・インターンシップ実施状況等調査」による）。

（4）その後の主な施策の展開

　このようなキャリア教育推進施策が展開する中で，平成18年12月には，戦後初めて教育基本法が改正され，教育の目標の一部として「職業及び生活との関連を重視し，勤労を重んずる態度を養うこと」が位置付けられた。また翌年改正された学校教育法において，新たに定められた義務教育の目標の一つとして「職業についての基礎的な知識と技能，勤労を重んずる態度及び個性に応じて将来の進路を選択する能力を養うこと」が規定された。小学校からの体系的なキャリア教育実践に対する法的根拠が整えられたと言えよう。

　さらに，平成20年1月の中央教育審議会答申「幼稚園，小学校，中学校，高等学校及び特別支援学校の学習指導要領等の改善について」においても，新しい学習指導要領でのキャリア教育の充実が求められ，同年3月には小学校と中学校の学習指導要領が，平成21年3月には高等学校の学習指導要領がそれぞれ本答申に基づいて改訂された。

　また，平成20年7月1日に「教育振興基本計画」が閣議決定され，今後5年間（平成20～24年度）に取り組むべき施策の一つとして「関係府省の連携により，キャリア教育を推進する。特に，中学校を中心とした職場体験活動や，普通科高等学校におけるキャリア教育を推進する」ことが明示された。

　さらに，同年12月には，文部科学大臣が中央教育審議会に対して「今後の学校におけるキャリア教育・職業教育の在り方について」を諮問した。中央教育審議会は「キャリア教育・職業教育特別部会」を設置し，同特別部会における約2年に及ぶ審議を基に，平成23年1月31日に，答申を文部科学大臣に提出した。答申では，幼児期の教育から高等教育までを通したキャリア教育・職業教育の在り方をまとめており，その中で，社会的・職業的自立に向けて必要な基盤となる能力として基礎的・汎用的能力を提示し，キャリア教育の中心として育成することとした。

（5）草創期から10年を経たキャリア教育が残した主な課題

　平成11年の中央教育審議会答申以降のキャリア教育推進施策の展開の概要は，以上のとおりである。この間のキャリア教育の進展は，職場体験活動の拡充が典型的に示すように，目を見張る勢いであったと言えよう。しかしその一方で，次のような課題も残された。

　まず，キャリア教育の草創期とも言うべき段階の提言や施策が，若年者の雇用や就業をめぐる問題の解消策の一環としてキャリア教育を位置付けたこともあり，キャリア教育がフリーターや若年無業者の増加を食い止めるための「対策」として誤解される傾向が生じたことが挙げられる。これは，小学校や中学校及びいわゆる「進学校」と呼ばれる高等学校における体系的なキャリア教育の推進が当初遅れた一因ともなったと考えられる。

　また，平成17年度から開始された「キャリア・スタート・ウィーク」が，キャリア教育推進の中核的な事業として関心を集めたことにより，職場体験活動を実施したことをもってキャリア教育を行ったものとみなす中学校も少なくなかった。

　さらに，いわゆる「4領域8能力」をめぐっては，生涯にわたってキャリア発達を支援していくという視点が十分ではなく高等学校段階までの提示にとどまっており，また，「例」として示されたにも関

わらず学校・学科の特色や生徒の実態を十分に踏まえないまま固定的に運用する学校が少なくないなど，様々な課題が生じた。

　このような課題が顕在化する中で，平成23年1月，中央教育審議会は答申「今後の学校におけるキャリア教育・職業教育の在り方について」の中で，基礎的・汎用的能力を提唱したのである。

　第2節においては，基礎的・汎用的能力の前身とも言うべき「4領域8能力」に焦点を当てながら，その提唱の意義と課題をより具体的に整理していく。その後，「職業観・勤労観を育む学習プログラムの枠組み（例）」に基づく能力論（いわゆる「4領域8能力」）は，急速に学校に浸透していった。

第2節　キャリア教育を通して育成すべき能力「4領域8能力」

　キャリア教育を通して育成すべき能力については，国立教育政策研究所生徒指導研究センターによる調査研究報告書『児童生徒の職業観・勤労観を育む教育の推進について』（平成14年11月）が提示した「職業観・勤労観を育む学習プログラムの枠組み（例）－職業的（進路）発達にかかわる諸能力の育成の視点から－」によって示された能力論が広く知られている。これは「人間関係形成能力」「情報活用能力」「将来設計能力」「意思決定能力」の四つの能力領域と，それぞれの能力領域において2つの能力（順に「自他の理解能力，コミュニケーション能力」「情報収集・探索能力，職業理解能力」「役割把握・認識能力，計画実行能力」「選択能力，課題解決能力」）を例示したものである。この能力論は，多くの学校関係者の間で「4領域8能力」と呼びならわされており，大多数の学校におけるキャリア教育の基盤として活用されている。

　本節では，まず，この「4領域8能力」の開発の経緯や意義について整理する。その後，この能力論の課題について論じ，これが圧倒的多数の学校で活用されていながら，中央教育審議会がなぜ基礎的・汎用的能力を提示する必要があったのかを明らかにする。

（1）文部省委託研究による「4領域12能力」論

　平成14年に国立教育政策研究所生徒指導研究センターが提示した「4領域8能力」は，先行する研究の成果を引き継いで開発されたものである。具体的には，平成8年から2年間にわたって当時の文部省の委託を受けて実施された「職業教育及び進路指導に関する基礎的研究」における「進路指導部会」の成果である。

　進路指導部会は，本来求められる進路指導を実践に移すために，キャリア発達の促進を目標とした教育プログラムについて，国内外の理論や実践モデル等を分析し，「児童生徒が発達課題を達成していくことで，一人一人がキャリア形成能力を獲得していくこと」が共通した考え方となっていることを見いだした。中でもキャリア教育の先進国であるアメリカにおいて，学校教育を一貫して段階的に発達させるべき能力についての研究が盛んに行われたことを受け，アメリカへの実地調査も行っている。その際の問題意識の中核には，従来の日本の進路指導では，多くの場合，生徒の発達に十分な関心が向けられないまま実践すべき課題に焦点が当てられていたため，学年毎の系統性の弱いテーマが設定される傾向にあり，「キャリア発達を促す観点から生徒の能力を育てる」という捉え方が十分ではなかったという認識があった。そこで，進路指導部会では「competency-based（育成する能力を基盤とした）を理念として，小学校から高校の12年間に及ぶ進路指導の構造化を提案するにいたった」のである。

進路指導部会は「能力（competency）」について次のように述べている。

> competencyとは，一般には能力と訳されているが，「ある課題への対処能力のことで，訓練によって習熟するもの」という意味を内包している。（中略）この言葉を用いる背景には，「できるかどうか」，「可能性があるかどうか」という個人の現能力を重視する姿勢ではなく，「訓練で習熟させられる」，「一緒に努力すればできるようになる」という「育成」の姿勢がある。（中略）ちなみにcompetentとは「自信をもてる」ことである。児童が「やればできると感じ，自信がもてるようになる」ことがcompetency-basedの効果といえるであろう。

　研究会では，アメリカの代表的な能力モデルやデンマークのモデル等を研究する過程で，それらをそのまま模倣することは意味がないと結論付けた。研究委員である小学校，中学校，高等学校，大学の教師と企業の代表者らが，海外のモデルを参考にしながら，「将来，自分の職業観・勤労観を形成・確立して，自立的に社会の中で生きるために，今から育てなければならない能力，態度とは何か」について議論し，日本の学校で児童生徒のためにできることを検討して，その結果，4領域12能力を試作した。

　その上で，各学校段階で従来から取り組んできた様々な活動に注目し，特に小学校では社会性の育成，中学校，高等学校では主として在り方生き方の指導や進路指導の具体的な活動をできる限り網羅的に抽出した上で，それらの活動を4領域12能力の枠組みに沿って分類・整理を試みた。この作業は，4領域12能力の枠組みが実際の教育活動を捉える上で矛盾なく機能することを確認するために行ったものである。

（2）「4領域8能力」論の開発と提唱

　以上のような経緯で生まれた能力の枠組みは後に更に検討され，現在広く知られる4領域8能力となった。この開発の経緯について，国立教育政策研究所生徒指導研究センターによる調査研究報告書『児童生徒の職業観・勤労観を育む教育の推進について』（平成14年11月）は次のように述べている。

> 　本調査研究で開発した「職業観・勤労観を育むための学習プログラムの枠組み（例）」は，こうした先行研究（平成8・9年度文部省委託研究「職業教育及び進路指導に関する基礎的研究」＜引用者注＞）の成果を参考にしつつ，直接・間接に職業観・勤労観の形成の支えになると同時に，職業観・勤労観に支えられて発達する能力・態度にはどのようなものがあるかという視点に立って，各学校段階（小学校については低学年，中学年，高学年に細分割）で育成することが期待される能力・態度を改めて検討して作成したものである。
> 　その際，新たに小・中・高等学校の各段階における職業的（進路）発達課題を検討・整理し，これらの課題達成との関連で上記の具体的な能力・態度を示すことができるように構成するとともに，能力領域については，「人間関係形成能力」，「情報活用能力」，「将来設計能力」，「意思決定能力」の四つの能力領域に大別し，それぞれを構成する能力を再編成して，各2つずつ計8つの能力に整理している。
> 　職業観・勤労観の育成に当たっては，それが一人一人の職業的（進路）発達の全体を通して形成されるという視点に立って，段階的・系統的に取り組むことが大切である。このため，「職業観・勤労観を育むための学習プログラムの枠組み（例）」では，職業的（進路）発達の全体を視野に入れ，職業観・勤労観の形成に関係する能力を幅広く取り上げている。その上で，学校段階ごとの職業的（進路）発達課題との関連を考慮し，各段階ごとに身に付けさせたい能力・態度を一般的な目安として示している。

（3）「4領域8（12）能力」論の意義

　このような経緯で開発された「4領域8能力」論は，これまでの進路指導の実践を飛躍的に向上させるだけの論理を示したものとして高く評価できる。先行した「4領域12能力」論を開発した「職業教

育及び進路指導に関する基礎的研究」が指摘するように，それまでの進路指導においては，具体的な能力の育成に向けて，発達に即した段階的な指導や支援の在り方についての十分な議論が蓄積されてこなかったからである。

例えば，昭和55年に当時の文部省が公刊した『進路指導の手引－個別指導編』では，進路指導の特質を次のように示している。

● 進路指導は，紹介・斡旋であるというように長い間考えられてきた。最近は，学校が行う進路指導は単なる斡旋ではなく，教育そのものであると考えられるようになってきている。
● 進路指導は，個々の生徒に，自分の将来をどう生きることが喜びであるかを感得させなければならないし，生徒各自が納得できる人生の生き方を指導することが大切である。

この事例では，進路指導は「教育そのもの」であり，「人生の生き方を指導することが大切である」と指摘されるなど，情緒性の高い言説によって進路指導の特徴が述べられている。このような特徴は，昭和50年代を中心に作成された一連の「進路指導の手引」に共通して見られる。当時の進路指導の概念は，人生全般を視野におさめ，生き方を指導するという大きな方向性において今日のキャリア教育と軌を一にするものの，指導の段階性・系統性の基盤となる構造は有していなかった。一方「4領域12能力」論とそれをベースとした「4領域8能力」論は，「育成すべき具体的な能力」と「能力が身に付いたことによって実践できる行動」を発達の段階に即して具体的に提示するものである。この点において「4領域8（12）能力」論は，従来の進路指導概念を大きく進展させたと言えよう。

【「4領域8能力」の表】

職業観・勤労観を育む学習プログラムの枠組み（例）－職業的（進路）発達にかかわる諸能力の育成の視点から ※ 太字は，「職業観・勤労観の育成」との関連が特に強いものを示す

出典：「児童生徒の職業観・勤労観を育む教育の推進について」 平成14年11月 国立教育政策研究所生徒指導研究センター

11

第3節　「職業観・勤労観を育む学習プログラムの枠組み（例）」提唱後の展開

（1）「4領域8能力」の画一的な運用

　平成20年頃に「4領域8能力」は大多数の学校におけるキャリア教育の実践基盤として活用された。文部科学省内に設置された「キャリア教育の推進に関する総合的調査研究協力者会議」最終報告書（平成16年1月）が「各学校においてキャリア教育を推進する際の参考として幅広く活用されることを期待したい」と評価したことは，その浸透を一層加速したと考えられる。

　しかしここで，当該報告書が，活用に当たっての留意点をめぐって，次のように述べていたことを確認する必要がある。

　　このような枠組み（国立教育政策研究所生徒指導研究センターによる「職業観・勤労観を育む学習プログラムの枠組み（例）」〈引用者注〉）は，四つの能力を観点とする児童生徒のキャリア発達に係る見取り図ともいうべき性格を持つと同時に，子どもたちにどのような能力・態度が身に付いているかをみるための規準となるものでもある。一人一人の成長・発達をどう捉え評価するかについては，従来，あまり深く考慮されなかった傾向があるが，今後，この例を基に，各学校の実情に応じて学習プログラムの枠組み等を作成し，できるだけ客観的に子どもたちの発達の状況を捉え，次の指導に役立てていくようにすることが大切である。
　　　　　　　　　　　　　　　　　　　　　　　　　　　　　　　　　　　　　（下線は引用者）

　ここでは，「4領域8能力」は各学校の実情に応じて学習プログラムの枠組み等を作成するための例に過ぎないと明示されている。また，本能力論を開発した国立教育政策研究所生徒指導研究センターも，「4領域8能力」を提示した「職業観・勤労観を育む学習プログラムの枠組み（例）」において，「例」であることをタイトルにあえて掲げ，各学校・学科等の特色や生徒の実態等に応じた柔軟な活用を前提としていた。

　ところが，多くの学校では，学校や地域の特色や生徒の実態等を必ずしも前提としない，固定的・画一的な運用が目立つようになった。都道府県・市町村教育委員会等による指導・助言の在り方も，このような運用を助長した一因と考えられる。ここでは，ある自治体が作成したキャリア教育推進用冊子から一部を抄出する。

　　Ｑ：キャリア教育で高めるのはどのような能力ですか？
　　Ａ：児童生徒が社会的自立のために必要な4領域8能力です。キャリア教育を進めるに当たっては，キャリア発達に関わる4領域8能力が必要となります。では，キャリア発達に関わる4領域8能力とはどのようなものでしょうか。〈以下，「職業観・勤労観を育む学習プログラムの枠組み（例）」を掲載〉

「人生の生き方を指導する」などの抽象度の高い概念のまま提示されていたかつての進路指導から，例示ではあるものの明確な構造をもった「4領域8能力」論を軸としたキャリア教育への転換は，教育現場に広く受け入れられた。しかし同時に，学校ごとの実情等を踏まえた創意工夫を促進しようとした本来の意図は，少数の先進事例を除いて，必ずしも十分には達成されなかったと言える。

（2）本来目指された能力との齟齬

　また，「4領域8能力」が浸透する過程で，所期された能力とは別の解釈が加えられた実践も散見され始めている。その一例として，ある小学校で作成された指導案からの一部を抜粋する。

【ある小学校で作成された指導案（一部抜粋）】

指導計画 （●時間扱い）

次	時	過程	学 習 活 動	キャリア教育の視点から
1	1	情取 解釈	・全文を読み，初めて知ったことや詳しく知りたいことを発表する。	・文章から情報を取り入れるようにする。（情報活用能力）
	1	熟考	・『てびき』を参考に，調べてみたい●●●や行事について考え，学習の見通しを立てる。	・学習の見通しを立てることができる。（将来設計能力）
2	1	情取 解釈	・●●●が紹介されていることをとらえ，教材文のおおまかな文章構成を理解する。	・教材文からどんな文章構成になっているかつかむ。（情報活用能力）
	2	解釈 熟考	・●●●を，内容ごとに分けて，書かれていることを読み取る。	
	2	情取 解釈	・●●●を，内容ごとに分けて，書かれていることを読み取る。	・書かれている事を読み取り，要点をまとめる。（意思決定能力）
	本 時	情取 解釈	・●●●を，内容ごとに分けて，書かれていることを読み取る。	・学んだことをポスターにまとめ整理する。（意思決定能力）
	1	熟考 表出	・●●●の紹介をポスターにまとめる。	
	1	熟考 表出	・紹介したい●●●や行事を決め，グループに分かれて作品作りの計画を立てる。	・グループのみんなと話し合いながら計画を立てる。（将来設計能力）

　この指導案では，例えば，「文章から情報を取り入れるようにする」ことなどがキャリア教育における「情報活用能力」の向上に寄与するとされているが，「４領域８能力」で例示された「情報活用能力」は，「学ぶこと・働くことの意義や役割及びその多様性を理解し，幅広く情報を活用して，自己の進路や生き方の選択に生かす」能力として構想されたものである。本来は，学ぶこと・働くことに焦点を当て，自己の進路や生き方に生かすために必要な情報を活用する能力であったはずのキャリア教育における「情報活用能力」であるが，本実践においては，その能力の説明まで把握・吟味されることなく指導の基盤とされているものと考えられる。無論，児童生徒等の実態に応じた創意工夫は必要であるが，本事例をそのような創意工夫に基づく取組として見なすことは必ずしも妥当ではないだろう。「○○能力」という「ラベル」の語感・印象のみに基づく解釈と，それに依拠した実践の軌道修正を図るための方策が講じられる必要がでてきた。

（３）生涯にわたって育成される一貫した能力論の欠落

　上に挙げた２点の課題は「４領域８能力」の運用上生じたものであるが，最後に「４領域８能力」を提示した「職業観・勤労観を育む学習プログラムの枠組み（例）」自体に内在した問題を指摘しておく。

　キャリア発達は生涯にわたって続くものであることから，キャリア発達を促すキャリア教育を通して育成される能力も，本来は，生涯のライフ・スパンを視野におさめて構想されるべきものである。「４領域12能力」においては，「大学」や「社会」の欄が内容は空白のまま残されつつも設けられていたが，その後開発された「４領域８能力」においては，小学校・中学校・高等学校のみの例示にとどまり，生涯を通じて育成される能力であることを十分には提示できていなかった。

　それに加えて，主に大学生等を対象とした類似の能力論も提唱されるようになり，将来にわたるキャリア発達を促すためのキャリア教育の基盤が，初等・中等教育と高等教育との間での一貫性・系統性が十分に保持されにくい状況も生じたのである。

　例えば，平成18年，経済産業省は「職場や地域社会で多様な人々と仕事をしていくために必要な基礎的な力」を３つの能力と12の能力要素から成る「社会人基礎力」として構想し，大学生を主対象にその育成推進施策を展開した。

【社会人基礎力を構成する能力と能力要素】

能力	前に踏み出す力（アクション） ～一歩前に踏み出し，失敗しても粘り強く取り組む力～	考え抜く力（シンキング） ～疑問をもち，考え抜く力～	チームで働く力（チームワーク） ～多様な人とともに，目標に向けて協力する力～
能力要素	**主体性：** 　物事に進んで取り組む力 **働きかけ力：** 　他人に働きかけ巻き込む力 **実行力：** 　目的を設定し確実に行動する力	**課題発見力：** 　現状を分析し目的や課題を明らかにする力 **計画力：** 　課題の解決に向けたプロセスを明らかにし準備する力 **創造力：** 　新しい価値を生み出す力	**発信力：** 　自分の意見を分かりやすく伝える力 **傾聴力：** 　相手の意見を丁寧に聴く力 **柔軟性：** 　意見の違いや立場の違いを理解する力 **情況把握力：** 　自分と周囲の人々や物事との関係性を理解する力 **規律性：** 　社会のルールや人との約束を守る力 **ストレスコントロール力：** 　ストレスの発生源に対応する力

　また，厚生労働省は，若年者と企業の間で就職に必要な基礎能力についての共通認識が必要であるとの立場から，平成16年度に，事務・営業の職種について企業が若年者に求めている「就職基礎能力」を提示した。また同省は，同年度より，民間教育訓練機関等からの申請に基づいて「就職基礎能力」を修得するための講座を認定する事業(YES-プログラム)を開始している。

【就職基礎能力を構成する能力】

コミュニケーション能力	意思疎通，協調性，自己表現力
職業人意識	責任感，主体性，向上心・探求心（課題発見力），職業意識・勤労観
基礎学力	読み書き，計算・数学的思考，社会人常識
ビジネスマナー	基本的なマナー
資格取得	情報技術関係，経理・財務関係，語学関係

　これらの能力論は，就職への移行期(主に若手社会人)という特定の時点において求められる基礎的な力に焦点を当て，それを分かりやすく提示したものであるが，ここでもまた，生涯にわたるキャリア発達という点には十分な関心が払われてはいなかった。

　キャリア教育を推進するには，生涯を通じて育成される能力の観点に立った能力論の開発が必要でありながら，その課題は達成されないまま残された。無論，一人一人の発達の仕方や道筋は多様であり，連続的に進行・蓄積される場合もあれば，その過程においては連続性のない予測の難しい変化も起こるため，可塑性の乏しい画一的な能力論は意味をもたない。また，それぞれの学校が，そこで学ぶ児童生徒一人一人の発達のプロセスを捉え，学校独自に育成すべき能力を構想することが本来の姿と言えよう。キャリア教育をより一層推進するためには，各学校が，それぞれの学校の実情や児童生徒の実態を踏まえ，キャリア発達を促進する視点にたって育成すべき能力を独自に構想する上で活用しやすい枠組みの開発が必要である。

第4節　キャリア教育を通して育成すべき「基礎的・汎用的能力」

（1）「4領域8能力」の画一的な運用

　平成23年1月31日，中央教育審議会は答申「今後の学校におけるキャリア教育・職業教育の在り方について」（以下：キャリア答申）をとりまとめた。本答申は，同審議会内に設置された「キャリア教育・職業教育特別部会」において約2年にわたって続けられた審議を基に作成されたものである。

　キャリア答申は，今後のキャリア教育の基本的方向性として次の2点を挙げている。

● 幼児期の教育から高等教育まで体系的にキャリア教育を進めること。その中心として，基礎的・汎用的能力を確実に育成するとともに，社会・職業との関連を重視し，実践的・体験的な活動を充実すること。
● 学校は，生涯にわたり社会人・職業人としてのキャリア形成を支援していく機能の充実を図ること。

　第3節において指摘した，これまでのキャリア教育の展開において残されてきた課題に正面から対峙した提言がなされたと言えよう。本章では，キャリア教育がその中心として育成すべき能力として答申が提示した基礎的・汎用的能力に焦点を当てながら，その育成の在り方をめぐるキャリア答申の提言の特質を整理していく。その後に，基礎的・汎用的能力の育成を中核とするキャリア教育への産業界からの期待と，今日の厳しい雇用状況におけるキャリア教育の意義についてまとめる。

（2）キャリア教育の新たな定義

　キャリア答申はその第1章において，「『キャリア教育』の内容と課題」という独立した項目を設け，キャリア教育を「一人一人の社会的・職業的自立に向け，必要な基盤となる能力や態度を育てることを通して，キャリア発達を促す教育」として定義付けている。この定義を支えるのが，答申における「キャリア」をめぐる次の捉え方と，それを前提としたキャリア教育の中心的課題の設定である。

　人は，他者や社会との関わりの中で，職業人，家庭人，地域社会の一員等，様々な役割を担いながら生きている。これらの役割は，生涯という時間的な流れの中で変化しつつ積み重なり，つながっていくものである。また，このような役割の中には，所属する集団や組織から与えられたものや日常生活の中で特に意識せず習慣的に行っているものもあるが，人はこれらを含めた様々な役割の関係や価値を自ら判断し，取捨選択や創造を重ねながら取り組んでいる。

　人は，このような自分の役割を果たして活動すること，つまり「働くこと」を通して，人や社会に関わることになり，その関わり方の違いが「自分らしい生き方」となっていくものである。

　このように，人が，生涯の中で様々な役割を果たす過程で，自らの役割の価値や自分と役割との関係を見いだしていく連なりや積み重ねが，「キャリア」の意味するところである。このキャリアは，ある年齢に達すると自然に獲得されるものではなく，子ども・若者の発達の段階や発達課題の達成と深く関わりながら段階を追って発達していくものである。また，その発達を促すには，外部からの組織的・体系的な働きかけが不可欠であり，学校教育では，社会人・職業人として自立していくために必要な基盤となる能力や態度を育成することを通じて，一人一人の発達を促していくことが必要である。

またキャリア答申は，このようなキャリア教育の意義・効果として，次の3点を挙げている。

> 　第一に，キャリア教育は，一人一人のキャリア発達や個人としての自立を促す視点から，学校教育を構成していくための理念と方向性を示すものである。各学校がこの視点に立って教育の在り方を幅広く見直すことにより，教職員に教育の理念と進むべき方向が共有されるとともに，教育課程の改善が促進される。
> 　第二に，キャリア教育は，将来，社会人・職業人として自立していくために発達させるべき能力や態度があるという前提にたって，各学校段階で取り組むべき発達課題を明らかにし，日々の教育活動を通して達成させることを目指すものである。このような視点に立って教育活動を展開することにより，学校教育が目指す全人的成長・発達を促すことができる。
> 　第三に，キャリア教育を実践し，学校生活と社会生活や職業生活を結び，関連付け，将来の夢と学業を結びつけることにより，生徒・学生等の学習意欲を喚起することの大切さが確認できる。このような取組を進めることを通じて，学校教育が抱える様々な課題への対処に活路を開くことにもつながるものと考えられる。

　上に引用した「キャリア教育の意義・効果」は，a)キャリア発達を基軸に据えたcompetencyとしての「能力」育成をキャリア教育の中心的な意義とする点において，これまでの「職業教育及び進路指導に関する基礎的研究」最終報告書(平成10年)，『児童生徒の職業観・勤労観を育む教育の推進について』(平成14年)，「キャリア教育の推進に関する総合的調査研究協力者会議」最終報告書(平成16年)によって開発・継承されてきた基本的な方向性を堅持し，b)キャリア教育を全ての教育活動を通して実践されるべきものとした上で，キャリア教育が，児童等にとっては学習意欲を喚起し，学校にとっては教育課程の改善と総体としての質的向上につながるものとしている点が特徴である。

（3）社会的・職業的自立，学校から社会・職業への円滑な移行に必要な力

　本節冒頭に引用したとおり，キャリア答申は，基礎的・汎用的能力の確実な育成をキャリア教育の中心課題としている。しかし同時に，本答申が，一人一人の社会的・職業的自立に必要な力は基礎的・汎用的能力のみに集約されるものではないことを明示している点にも注目する必要がある。キャリア答申は，「社会的・職業的自立，学校から社会・職業への円滑な移行に必要な力に含まれる要素としては，次などで構成されるものと考える」として，「基礎的・基本的な知識・技能」「基礎的・汎用的能力」「論理的思考力，創造力」「意欲・態度及び価値観」「専門的な知識・技能」を挙げている。以下，それぞれの「力」の説明部分をキャリア答申から引用しよう。

> ● 「読み・書き・計算」等の基礎的・基本的な知識・技能を修得することは，社会に出て生活し，仕事をしていく上でも極めて重要な要素である。これは初等中等教育では，学力の要素の一つとして位置付けられ，新しい学習指導要領における基本的な考え方の一つでもある。小学校からの「読み・書き・計算」の能力の育成等，その一層の修得・理解を図ることが必要である。また，社会的・職業的に自立するために，より直接的に必要となる知識，例えば，税金や社会保険，労働者の権利・義務等の理解も必要である。
> ● 　基礎的・汎用的能力は，分野や職種に関わらず，社会的・職業的自立に向けて必要な基盤となる能力であると考える。例えば，企業が新規学卒者に期待する力は，就職の段階で「即戦力」といえる状態にまで学校教育を通じて育成することを求めているわけではなく，一般的には「コミュニケーション能力」「熱意・意欲」「行動力・実行力」等の基礎的な能力等を挙げることが多い。社会人・職業人に必要とされる基礎的な能力と現在学校教育で育成している能力との接点を確認し，これらの能力育成をキャリア教育の視点に取り込んでいくことは，学校と社会・職業との接続を考える上で意義がある。

● 　論理的思考力，創造力は，物事を論理的に考え，新たな発想等を考え出す力である。論理的思考力は，学力の要素にある「思考力，判断力，表現力」にも表れている重要な要素である。また，後期中等教育や高等教育の段階では，社会を健全に批判するような思考力を養うことにもつながる。創造力は，変化の激しい社会において，自ら新たな社会を創造・構築していくために必要である。これら論理的思考力，創造力は，基礎的・基本的な知識・技能や専門的な知識・技能の育成と相互に関連させながら育成することが必要である。

● 　意欲・態度は，学校教育，特に初等中等教育の中では，学習や学校生活に意欲をもって取り組む態度や，学習内容にも関心をもたせるものとして，その向上や育成が重要な課題であるように，生涯にわたって社会で仕事に取り組み，具体的に行動する際に極めて重要な要素である。意欲や態度が能力を高めることにつながったり，能力を育成することが意欲・態度を高めたりすることもあり，両者は密接に関連している。

● 　意欲や態度と関連する重要な要素として，価値観がある。価値観は，人生観や社会観，倫理観等，個人の内面にあって価値判断の基準となるものであり，価値を認めて何かをしようと思い，それを行動に移す際に意欲や態度として具体化するという関係にある。

　また，価値観には，「なぜ仕事をするのか」「自分の人生の中で仕事や職業をどのように位置付けるか」など，これまでキャリア教育が育成するものとしてきた勤労観・職業観も含んでいる。子ども・若者に勤労観・職業観が十分に形成されていないことは様々に指摘されており，これらを含む価値観は，学校における道徳をはじめとした豊かな人間性の育成はもちろんのこと，様々な能力等の育成を通じて，個人の中で時間をかけて形成・確立していく必要がある。

● 　また，どのような仕事・職業であっても，その仕事を遂行するためには一定の専門性が必要である。専門性を持つことは，個々人の個性を発揮することにもつながる。自分の将来を展望しながら自らに必要な専門性を選択し，それに必要な知識・技能を育成することは極めて重要である。専門的な知識・技能は，特定の資格が必要な職業等を除けば，これまでは企業内教育・訓練で育成することが中心であったが，今後は，企業の取組だけではなく，学校教育の中でも意識的に育成していくことが重要であり，このような観点から職業教育の在り方を改めて見直し，充実していく必要がある。

　この説明は，基礎的・汎用的能力の確実な育成がキャリア教育の中心的課題となるというキャリア答申の提言の論理を浮かび上がらせるものとしても注目に値する。つまり，「基礎的・基本的な知識・技能」は教科・科目を中心とした教育活動を通して中核的に修得されるべきものであり，「論理的思考力，創造力」はそのような知識・技能の活用等を含めて知識・技能の育成と相互に関連させながら育成するものとして位置付けられた。また，「意欲・態度及び価値観」は個別の教育活動によって直接的に育成するものというより，様々な能力等の育成を通じて，児童生徒一人一人が様々な学習経験等を通じて個人の中で時間をかけて自ら形成・確立していくものとされた。そして，「専門的な知識・技能」は職業教育を通じて育成するものとして整理されたのである。このような中で，様々な教育活動を通して育成されるべき重要な「力」である基礎的・汎用的能力は，「社会人・職業人に必要とされる基礎的な能力と現在学校教育で育成している能力との接点を確認」することを通して具体化されるものであり，その前提に立ったキャリア教育の視点を導入することによってこそ十分な育成が可能となると位置付けられたのである。

（4）勤労観・職業観の位置付け

　ここで，キャリア答申までキャリア教育において中心的に育てるべきものとされてきた「勤労観・職業観」を，答申がどのように整理しているのかについて確認する必要があろう。「キャリア教育の推進に関する総合的調査研究協力者会議」最終報告書（平成16年）では，キャリア教育を「端的には」とい

う限定付きながら「勤労観，職業観を育てる教育」としており，「4領域8能力」を提示した「職業観・勤労観を育む学習プログラムの枠組み（例）」もそのタイトルに「職業観・勤労観」を含むものであった。しかし，キャリア答申におけるキャリア教育の定義には，「勤労観」「職業観」ともに用いられていない。まず，キャリア答申が，自ら提示したキャリア教育の定義の前提となる認識を次のように述べていることを確認する。

中央教育審議会「初等中等教育と高等教育との接続の改善について（答申）」（平成11年）では，キャリア教育を「望ましい職業観・勤労観及び職業に関する知識や技能を身に付けさせるとともに，自己の個性を理解し，主体的に進路を選択する能力・態度を育てる教育」であるとし，進路を選択することにより重点が置かれていると解釈された。また，キャリア教育の推進に関する総合的調査研究協力者会議報告書（平成16年）では，キャリア教育を「『キャリア』概念に基づき『児童一人一人のキャリア発達を支援し，それぞれにふさわしいキャリアを形成していくために必要な意欲・態度や能力を育てる教育』」と捉え，「端的には」という限定付きながら「勤労観，職業観を育てる教育」としたこともあり，勤労観・職業観の育成のみに焦点が絞られてしまい，現時点においては社会的・職業的自立のために必要な能力の育成がやや軽視されてしまっていることが課題として生じている。

このような認識に立ちながらも，キャリア答申は，前項において引用したように「価値観」には，「『なぜ仕事をするのか』『自分の人生の中で仕事や職業をどのように位置付けるか』など，これまでキャリア教育が育成するものとしてきた勤労観・職業観も含んでいる。」と述べ，「様々な能力等の育成を通じて，個人の中で時間をかけて形成・確立していく必要がある」と明示している。

さらにキャリア答申は，「第2章　発達の段階に応じた体系的なキャリア教育の充実方策」において次のように述べているのである。

多くの人は，人生の中で職業人として長い時間を過ごすこととなる。このため，職業や働くことについてどのような考えを持つのかや，どのような職業に就き，どのような職業生活を送るのかは，人がいかに生きるか，どのような人生を送るかということと深く関わっている。

しかし，働くことや職業に対する理解の不足や安易な考え方等，若者の勤労観・職業観等の価値観が，自ら十分に形成されていないことが指摘されている。人生の中で「働くこと」にどれだけの重要性や意味を持たせるのかは，最終的に自分で決めることである。その決定の際に中心となる勤労観・職業観も，様々な学習や体験を通じて自らが考えていく中で形成・確立される。

また，子ども・若者の働くことに対する関心・意欲・態度，目的意識，責任感，意志等の未熟さや学習意欲の低下が指摘されるなど，現在行っている学習と将来の仕事とが結びつけて考えられない者が多い。このため，子どもや若者にとって，自分の「将来の姿」を思い描き，それに近付こうとする意欲を持つことや，学習が将来役立つことを発見し自覚することなどが重要であり，これらは学習意欲の向上にもつながっていく。

このようなことを踏まえ，後期中等教育修了までに，（中略）生涯にわたる多様なキャリア形成に共通した能力・態度を身に付けさせることと併せて，これらの育成を通じて価値観，とりわけ勤労観・職業観を自ら形成・確立できる子ども・若者の育成を，キャリア教育の視点から見た場合の目標とすることが必要である。

ここに示されるように，キャリア答申は，勤労観・職業観の自己形成・自己確立ができる児童・若者の育成を「キャリア教育の視点から見た場合の目標」として位置付けている。キャリア教育における「勤労観・職業観」の相対的な重要性が低下したのではないことを改めて確認する必要があろう。

第5節　基礎的・汎用的能力を構成する四つの能力と今後の実践

（1）基礎的・汎用的能力を構成する四つの能力

まず，キャリア答申が基礎的・汎用的能力の内容について，次のように述べていることを確認しよう。

● 　基礎的・汎用的能力の具体的内容については，「仕事に就くこと」に焦点を当て，実際の行動として表れるという観点から，「人間関係形成・社会形成能力」「自己理解・自己管理能力」「課題対応能力」「キャリアプランニング能力」の四つの能力に整理した。

● 　これらの能力は，包括的な能力概念であり，必要な要素をできる限り分かりやすく提示するという観点でまとめたものである。この四つの能力は，それぞれが独立したものではなく，相互に関連・依存した関係にある。このため，特に順序があるものではなく，また，これらの能力をすべての者が同じ程度あるいは均一に身に付けることを求めるものではない。

その上で，それぞれの能力の具体的な内容を次のように整理している。

（ア）人間関係形成・社会形成能力

「人間関係形成・社会形成能力」は，多様な他者の考えや立場を理解し，相手の意見を聴いて自分の考えを正確に伝えることができるとともに，自分の置かれている状況を受け止め，役割を果たしつつ他者と協力・協働して社会に参画し，今後の社会を積極的に形成することができる力である。

　この能力は，社会との関わりの中で生活し仕事をしていく上で，基礎となる能力である。特に，価値の多様化が進む現代社会においては，性別，年齢，個性，価値観等の多様な人材が活躍しており，様々な他者を認めつつ協働していく力が必要である。また，変化の激しい今日においては，既存の社会に参画し，適応しつつ，必要であれば自ら新たな社会を創造・構築していくことが必要である。さらに，人や社会との関わりは，自分に必要な知識や技能，能力，態度を気付かせてくれるものでもあり，自らを育成する上でも影響を与えるものである。具体的な要素としては，例えば，他者の個性を理解する力，他者に働きかける力，コミュニケーション・スキル，チームワーク，リーダーシップ等が挙げられる。

（イ）自己理解・自己管理能力

「自己理解・自己管理能力」は，自分が「できること」「意義を感じること」「したいこと」について，社会との相互関係を保ちつつ，今後の自分自身の可能性を含めた肯定的な理解に基づき主体的に行動すると同時に，自らの思考や感情を律し，かつ，今後の成長のために進んで学ぼうとする力である。

　この能力は，子どもや若者の自信や自己肯定観の低さが指摘される中，「やればできる」と考えて行動できる力である。また，変化の激しい社会にあって多様な他者との協力や協働が求められている中では，自らの思考や感情を律する力や自らを研さんする力がますます重要である。これらは，キャリア形成や人間関係形成における基盤となるものであり，とりわけ自己理解能力は，生涯にわたり多様なキャリアを形成する過程で常に深めていく必要がある。具体的な要素としては，例えば，自己の役割の理解，前向きに考える力，自己の動機付け，忍耐力，ストレスマネジメント，主体的行動等が挙げられる。

（ウ）課題対応能力

「課題対応能力」は，仕事をする上での様々な課題を発見・分析し，適切な計画を立ててその課題を処理し，解決することができる力である。

　この能力は，自らが行うべきことに意欲的に取り組む上で必要なものである。また，知識基盤社会の到来やグローバル化等を踏まえ，従来の考え方や方法にとらわれずに物事を前に進めていくために必要な力である。さらに，社会の情報化に伴い，情報及び情報手段を主体的に選択し活用する力を身に付けることも重要である。具体的な要素としては，情報の理解・選択・処理等，本質の理解，原因の追究，課題発見，計画立案，実行力，評価・改善等が挙げられる。

（エ）キャリアプランニング能力

　「キャリアプランニング能力」は，「働くこと」の意義を理解し，自らが果たすべき様々な立場や役割との関連を踏まえて「働くこと」を位置付け，多様な生き方に関する様々な情報を適切に取捨選択・活用しながら，自ら主体的に判断してキャリアを形成していく力である。

　この能力は，社会人・職業人として生活していくために生涯にわたって必要となる能力である。具体的な要素としては，例えば，学ぶこと・働くことの意義や役割の理解，多様性の理解，将来設計，選択，行動と改善等が挙げられる。

　この基礎的・汎用的能力の開発の経緯について，キャリア答申は，「各界から提示されている様々な力を参考としつつ，特に国立教育政策研究所による「キャリア発達にかかわる諸能力（例）」を基に，「仕事に就くこと」に焦点を当て整理を行ったものである」と述べる。ここで言う「キャリア発達にかかわる諸能力（例）」とは，国立教育政策研究所生徒指導研究センター『児童の職業観・勤労観を育む教育の推進について』（平成14年）が開発した「職業観・勤労観を育む学習プログラムの枠組（例）」において示された「職業的（進路）発達にかかわる諸能力」，つまり「4領域8能力」を指し示している。

　以下，基礎的・汎用的能力が，「4領域8能力」を主軸としながら，「各界から提示された様々な力を参考としつつ」開発されたものであるとの指摘を踏まえ，これまでに提示された社会的自立に関連する能力論を取り上げ，その関係を整理することにしよう。ここで取り上げるのは，「4領域8能力」に加えて以下の能力論である

○「人間力」　内閣府・人間力戦略研究会（『人間力戦略研究会報告書』平成15年4月）
○「就職基礎能力」　厚生労働省（「若年者の就職能力に関する実態調査」結果　平成16年1月）
○「社会人基礎力」　経済産業省・社会人基礎力に関する研究会（『社会人基礎力に関する研究会−中間とりまとめ−』平成18年1月）
○「学士力」　中央教育審議会（「学士課程教育の構築に向けて（答申）」平成20年12月）

　まず表1においてそれぞれの能力論の概要を示し，表2において基礎的・汎用的能力を中核としながら，今回の答申が示した「社会的・職業的自立，学校から社会・職業への円滑な移行に必要な力」との関係を整理する。

【表1：各能力論の概要】

これまでに提唱された能力論の概要

職業的（進路）発達（キャリア発達）にかかわる諸能力

【作成者】国立教育政策研究所生徒指導研究センター「児童生徒の職業観・勤労観を育む教育の推進について」平成14年11月
【定義等】児童生徒が、将来自立した社会人・職業人として生きていくために必要な能力や態度・資質

将来設計能力
- 役割把握・認識能力：夢や希望を持って将来の生き方や生活を考え、社会の現実を踏まえながら、自己の将来設計をする。生活・仕事上の多様な役割や意義及びその関連を理解し、自己の果たすべき役割等についての認識を深めていく
- 計画実行能力：目標とすべき将来の生き方や進路を考え、それを実現するための進路計画を立て、実際の選択行動等で実行していく能力

情報活用能力
- 情報収集・探索能力：学ぶこと・働くことの意義や役割及びその多様性を理解し、幅広く情報を活用して、自己の進路や生き方の選択に生かす。進路や職業等に関する様々な情報を収集・探索するとともに、必要な情報を選択・活用し、自己の進路や生き方を考えていく能力
- 職業理解能力：様々な体験等を通して、学校で学ぶことと社会・職業生活との関連や、今しなければならないことなどを理解していく能力

意思決定能力
- 選択能力：自らの意志と責任でよりよい選択・決定を行うとともに、その過程での課題や責任を受け止め、将来の生き方を考えて進路や職業を選択し、決定していく能力。様々な選択肢について比較検討したり、葛藤を克服したりして、主体的に判断し、自ら適切な選択・決定を行っていく能力
- 課題解決能力：意思決定に伴う責任を受け入れ、選択結果に適応するとともに、希望する進路の実現に向け、自ら課題を設定してその解決に取り組む能力

人間関係形成能力
- 自他の理解能力：他者の個性を尊重し、自己の個性を発揮しながら、様々な人々とコミュニケーションを図り、協力・共同してものごとに取り組む。自己理解を深め、他者の多様な個性を理解し、互いに認め合うことを大切にして行動していく能力
- コミュニケーション能力：多様な集団・組織の中で、コミュニケーションや豊かな人間関係を築きながら、自己の成長を果たしていく能力

人間力

【作成者】内閣府・人間力戦略研究会（人間力戦略研究会報告書）平成15年4月
【定義等】社会を構成し運営するとともに、自立した一人の人間として力強く生きていくための総合的な力

知的能力的要素
- 基礎学力（主に学校教育を通じて修得される基礎的な知的能力）
- 専門的な知識・ノウハウ「基礎学力」や「専門的な知識・ノウハウ」をもち、それらを継続的に高めていく力
- 論理的思考力
- 創造力

社会・対人関係力的要素
- コミュニケーション・スキル
- リーダーシップ
- 公共心
- 規範意識
- 自分をコントロールする力

自己制御的要素
- 意欲
- 忍耐力
- 自分らしい生き方や成功を追求する力

就職基礎能力

【作成者】厚生労働省「若年者の就職能力に関する実態調査」結果　平成16年
【定義等】事務・営業系職種において、半数以上の企業が採用に当たって重視し、基礎的な能力として比較的短期間の訓練により向上可能な能力

コミュニケーション能力
- 意思疎通：自己主張と傾聴のバランスを取りながら効果的に意思疎通を図ることができる
- 協調性：双方の主張の調整を図り解決策を取ることができる
- 自己表現力：状況にあった訴求力のあるプレゼンができる

職業人意識
- 責任感：社会の一員として役割の自覚を持っている
- 向上心・探求心：働くことへの関心や意欲を持ちながら、課題を見つけ進んで課題解決に取り組むことができる
- 職業意識・勤労観：職業や労働に対する正しい見方や考え方を持ち、勤労意欲を持って行動することができる

基礎学力
- 読み書き：職務遂行に必要な文章知識を持っている
- 計算・数学的思考：職務遂行に必要な数学的な思考方法や知識を持っている
- 社会人常識：社会人として必要な常識を持っている

ビジネスマナー
- 基本的なマナー：集団社会に必要な気持ちの良い受け答えやマナーに対応できる

資格取得
- 情報技術関係の資格
- 経理・財務関係の資格
- 語学関係の資格

社会人基礎力

【作成者】経済産業省「社会人基礎力に関する研究会（社会人基礎力に関する研究会）中間とりまとめ」平成18年3月
【定義等】職場や地域社会の中で多くの人々と接触しながら仕事をしていくために必要な能力

前に踏み出す力（アクション）
- 主体性：物事に進んで取り組む力
- 働きかけ力：他人に働きかけ巻き込む力
- 実行力：目的を設定し確実に行動する力

考え抜く力（シンキング）
- 課題発見力：現状を分析し目的や課題を明らかにする力
- 計画力：課題の解決に向けたプロセスを明らかにし準備する力
- 創造力：新しい価値を生み出す力

チームで働く力（チームワーク）
- 発信力：自分の意見をわかりやすく伝える力
- 傾聴力：相手の意見を丁寧に聴く力
- 柔軟性：意見の違いや立場の違いを理解する力
- 情況把握力：自分と周囲の人々や物事との関係性を理解する力
- 規律性：社会のルールや人との約束を守る力
- ストレスコントロール力：ストレスの発生源に対応する力

学士力

【作成者】中央教育審議会「学士課程教育の構築に向けて（答申）」平成20年12月）
【定義等】学士課程で育成する21世紀型市民の内容（日本の大学が授与する学士が保証する能力の内容）

知識・理解
専攻する特定の学問分野における基本的な知識を体系的に理解するとともに、その意味を歴史・社会・自然と関連づけて理解する。
(1)多文化・異文化に関する知識の理解
(2)人類の文化、社会と自然に関する知識の理解

汎用的技能
知的活動でも職業生活や社会生活でも必要な技能
- コミュニケーション・スキル：日本語と特定の外国語を用いて、読み、書き、聞き、話すことができる。
- 数量的スキル：自然や社会的事象について、シンボルを活用して分析し、理解し、表現することができる。
- 情報リテラシー：情報通信技術（ICT）を用いて、多様な情報を収集・分析して適正に判断し、モラルに則って効果的に活用することができる。
- 論理的思考力：情報や知識を複眼的、論理的に分析し、表現できる。
- 問題解決力：問題を発見し、解決に必要な情報を収集・分析・整理し、その問題を確実に解決できる。

態度・志向性
- 自己管理力：自らを律して行動できる。
- チームワーク、リーダーシップ：他者と協調・協働して行動できる。また、他者に方向性を示し、目標の実現のために動員できる。
- 倫理観：自己の良心と社会の規範やルールに従って行動できる。
- 市民としての社会的責任：社会の一員としての意識を持ち、義務と権利を適正に行使しつつ、社会の発展のために積極的に関与できる。
- 生涯学習力：卒業後も自律・自立して学習できる。

統合的な学習経験と創造的思考力
これまでに獲得した知識・技能・態度等を総合的に活用し、自らが立てた新たな課題にそれらを適用し、その課題を解決する能力

21

【表2：基礎的・汎用的能力との関係整理】

「基礎的・汎用的能力と「社会的・職業的自立、社会への円滑な移行に必要な力」との関係について

社会的・職業的自立、社会への移行に必要な力	職業的（進路）発達（キャリア発達）にかかわる諸能力	人間力	就職基礎能力	社会人基礎力	学士力
基礎的・基本的な知識・技能		基礎学力（主に学校教育を通じて構築される基礎的な知識的能力）	読み書き、計算・数学的思考：職業遂行に必要な文章読解力を持っている／職業遂行に必要な簡単な計算力を持っている		専攻する特定の学問分野における基本的な知識を体系的に理解するとともに、その知識体系の意味と自己の存在を歴史・社会・自然と関連づけて理解する。（1）多文化・異文化に関する知識の理解（2）人類の文化、社会と自然に関する知識の理解／数量的スキル：自然や社会的事象について、シンボルを活用して分析し、理解し、表現することができる。／情報リテラシー：情報通信技術（ICT）を用いて、多様な情報を収集・分析して適正に判断し、モラルに則って効果的に活用することができる。
勤労観・職業観等の価値観	※中核的な課題としての「職業観・勤労観」の育成	職業観・勤労観：職業や勤労に対する広範な見方・考え方を持ち、意欲や態度等で示すことができる			
意欲・態度		意欲	向上心・探求心：働くことへの関心や意欲を持ちながら進んで学ぼうとし、レベルアップを目指すことができる		
論理的思考力・創造力		論理的思考力／創造力		創造力：新しい価値を生み出す力	論理的思考力：情報や知識を複眼的、論理的に分析し、表現できる。
人間関係形成・社会形成能力	自他の理解能力「自己理解を深め、他者の多様な個性を理解し、互いに認め合うことを大切にして行動していく能力」／コミュニケーション能力「多様な集団・組織の中で、コミュニケーションや豊かな人間関係を築きながら、自己の成長を果たしていく能力」	コミュニケーション・スキル／リーダーシップ／公共心／規範意識／他者を尊重し切磋琢磨しながらお互いを高め合う力	意思疎通／協調性／自己表現力：自己主張と傾聴のバランスを取りながら効果的に意思疎通ができる／双方の主張の調整を図り調和を取ることができる／社会人常識に合った訴求力のあるプレゼンテーションができる／場を読み取り、状況にあった訴求方法で必要な情報を発信できる	働きかけ力：他人に働きかけ巻き込む力／発信力：自分の意見をわかりやすく伝える力／傾聴力：相手の意見を丁寧に聴く力／柔軟性：意見の違いや立場の違いを理解する力／情況把握力：自分と周囲の人々や物事との関係性を理解する力／規律性：社会のルールや人との約束を守る力	コミュニケーション・スキル：日本語と特定の外国語を用いて、読み、書き、話し、聞くことができる。／チームワーク、リーダーシップ：他者と協調・協働して行動できる。また、他者に方向性を示し、目標の実現のために動員できる。／倫理観：社会の一員としての意識を持ち、倫理的行動をとることができる。／市民としての社会的責任：社会の一員としての意識を持ち、義務や権利を適正に行使しつつ、社会の発展のために積極的に関与できる。
自己理解・自己管理能力	自他の理解能力「自己理解を深め、他者の多様な個性を理解し、互いに認め合うことを大切にして行動していく能力」	基礎力：自らを律しつつ、他者と協調して新しいものを生み出していく力	責任感	主体性：物事に進んで取り組む力／実行力：目的を設定し確実に行動する力	自己管理力：自らを律して行動できる。／倫理観／生涯学習力：卒業後も自律・自立して学習できる。
課題対応能力	計画実行「目標とする将来の生き方や進路を考え、それを実現するための進路計画を立て、実際の選択行動等で実行していく能力」／課題解決「意思決定に伴う責任を受け入れ、選択結果に適応するとともに、希望する進路の実現に向け、自ら課題を設定してその解決に取り組む能力」	「基礎力」「専門力」「専門的な知識・ノウハウ」を持ち、それらを継続的に高めていく力／問題解決力：自分らしい生き方や成功を追求する力		ストレスコントロール：ストレスの発生源に対応する力／課題発見力：現状を分析し目的や課題を明らかにする力／計画力：課題の解決に向けたプロセスを明らかにし準備する力	問題解決力：問題を発見し、解決に必要な情報を収集・分析・整理し、その問題を確実に解決できる。／これまでに獲得した知識・技能・態度等を総合的に活用し、自らが立てた新たな課題にそれらを適用し、その問題を解決する力
キャリアプランニング能力	役割把握・認識能力／計画実行能力／情報収集・探索能力／職業理解能力／選択能力／課題解決能力	自分らしい生き方や成功を追求する力			
専門的な知識・技能		専門的な知識・ノウハウ	情報技術関係の資格／経理・財務関係の資格／語学関係の資格		専攻する特定の学問分野における基本的な知識を体系的に理解するとともに、その知識体系の意味と自己の存在を歴史・社会・自然と関連づけて理解する。（1）多文化・異文化に関する知識の理解（2）人類の文化、社会と自然に関する知識の理解

基礎的・汎用的能力

（2）基礎的・汎用的能力に基づくキャリア教育実践の方向性

　前頁の表2が明示するように，基礎的・汎用的能力は「4領域8能力」を全て包含するものである。その上で，a)「社会人基礎力」等において重視されていながら，「4領域8能力」においては必ずしも前面には取り上げられてこなかった「忍耐力」「ストレスマネジメント」などの「自己管理能力」の側面を加え，b)「仕事をする上での様々な課題を発見・分析し，適切な計画を立ててその課題を処理し，解決することができる力」，すなわち「課題対応能力」に関する要素を強化したものと言えよう。

　このような基礎的・汎用的能力に基づく実践を構想する上では，キャリア答申が，基礎的・汎用的能力を提示する際に，次のように指摘していることも併せて確認する必要がある。

　これらの能力をどのようなまとまりで，どの程度身に付けさせるのかは，学校や地域の特色，専攻分野の特性や児童・生徒の発達の段階によって異なると考えられる。各学校においては，この四つの能力を参考にしつつ，それぞれの課題を踏まえて具体の能力を設定し，工夫された教育を通じて達成することが望まれる。その際，初等中等教育の学校では，学習指導要領を踏まえて育成されるべきである。

　これからのキャリア教育の実践に当たっては，まず，基礎的・汎用的能力が，これまで各学校における実践の基盤となっていた「4領域8能力」を継承し，各界で提唱された様々な能力との整合性を図りつつ，社会的・職業的自立に向けて必要な基盤となる能力であることを正しく理解する必要がある。また同時に，基礎的・汎用的能力は「4領域8能力」と同様に，学校や地域の特色，児童の発達の段階に即し，学校がそれぞれの課題を踏まえて具体の能力を設定し，工夫された教育を通じて達成するための参考として活用されるべきものである。

「4領域8能力」と基礎的・汎用的能力とを相互に関連性のない別個の能力論であると見なすことは誤りであり，基礎的・汎用的能力に基づくキャリア教育の取組の構想はゼロからの再スタートでは全くない。各学校においては，これまでの実践の蓄積を生かしつつ，基礎的・汎用的能力を基盤とする実践へと転換を図る必要がある。

　無論，学校によっては，基盤となる能力論の見直しよりも，これまでの実践の定着を図ることの方が当座の優先課題であると妥当性をもって判断される場合もあろう。その場合には，基礎的・汎用的能力への転換の時期を遅らせる方策も考えられる。ただし，その際には，基礎的・汎用的能力の内容と提唱の理由を十分に踏まえ，将来的な転換を視野におさめながら，キャリア教育の取組の改善を図っていくことが特に求められる。

コラム

「キャリア発達」についてもう少し詳しく……

　人は誕生から乳幼児期，青年期，成人期，そして老年期を通して，その時期にふさわしい適応能力，つまり自分をとりまく環境（例えば，身近な人や所属する集団など）に応じて自分の行動や考え方を変容させたり，環境に働きかけてよりよい状態を形成する能力を身に付けていきます。その中で，社会との相互関係を保ちつつ自分らしい生き方を展望し，実現していく過程がキャリア発達です。社会との相互関係を保つとは，言い換えれば，社会における自己の立場に応じた役割を果たすということです。人は生涯の中で，様々な役割をすべておなじように果たすのではなく，その時々の自分にとっての重要性や意味に応じて，それらの役割を果たしていこうとします。それが「自分らしい生き方」です。また，社会における自己の立場に応じた役割を果たすことを通して「自分と働くこと」との関係付けや「価値観」が形成されます。D.E. スーパーは，この過程を生涯における役割（ライフ・ロール）の分化と統合の過程として示しています。

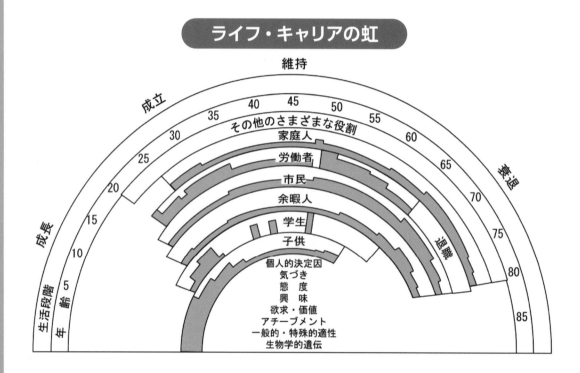

ライフ・キャリアの虹

　「自分に期待される複数の役割を統合して自分らしい生き方を展望し実現していく」ということを，上図の「ライフ・キャリアの虹」に即して見ていくとどうなるでしょうか。図を見ると，例えば15歳の時点での役割は「子供」と「学生」と「余暇人」です（それ以外の役割もあり得ます）が，重要なのは，その「子供」，「学生」，「余暇人」の内容です。「子供」として期待される役割の内容，「学生」として期待される内容，「余暇人」としての遊びや趣味の活動，それらにいかに取り組んできたのか。それを通して自分らしさがいかに認識され，それに基づいて将来の役割（連絡）をいかに選択し，取り組んでいこうとするのかが，この時点でのキャリア発達の姿です。つまり，この時点でいかなる「キャリア」が形成され，いかなるキャリアが展望されているかが捉えられるのです。このようなキャリア発達の課題を達成していくためには，社会認識と自己認識を結合させて自己を方向付けることが必要です。

第6節　平成 29 年・30 年告示の学習指導要領におけるキャリア教育

　それまでも学習指導要領や中央教育審議会答申にはキャリア教育の必要性や趣旨が示されてきたものの，平成29年3月に告示された小学校及び中学校学習指導要領，平成30年3月に告示された高等学校学習指導要領(以下：学習指導要領)の総則には改めて以下のように「キャリア教育」という言葉を用いてその充実を図ることが明示された。

（1）小中高，総則にキャリア教育を明示

　(小学校)第1章総則　第4児童の発達の支援　1児童の発達を支える指導の充実

(3)児童が，学ぶことと自己の将来とのつながりを見通しながら，社会的・職業的自立に向けて必要な基盤となる資質・能力を身に付けていくことができるよう，特別活動を要としつつ各教科等の特質に応じて，キャリア教育の充実を図ること。

　(中学校)第1章総則　第4生徒の発達の支援　1生徒の発達を支える指導の充実

(3)生徒が，学ぶことと自己の将来とのつながりを見通しながら，社会的・職業的自立に向けて必要な基盤となる資質・能力を身に付けていくことができるよう，特別活動を要としつつ各教科等の特質に応じて，キャリア教育の充実を図ること。その中で，生徒が自らの生き方を考え主体的に進路を選択することができるよう，学校の教育活動全体を通じ，組織的かつ計画的な進路指導を行うこと。

　(高等学校)第1章総則　第5款　生徒の発達の支援　1生徒の発達を支える指導の充実

(3)生徒が，学ぶことと自己の将来とのつながりを見通しながら，社会的・職業的自立に向けて必要な基盤となる資質・能力を身に付けていくことができるよう，特別活動を要としつつ各教科・科目等の特質に応じて，キャリア教育の充実を図ること。その中で，生徒が自己の在り方生き方を考え主体的に進路を選択することができるよう，学校の教育活動全体を通じ，組織的かつ計画的な進路指導を行うこと。

　学習指導要領の第1章総則に明示されたということは，特定の教科・科目等ではなく，教育課程全体に係るということである。

　キャリア教育については，その理念が浸透してきている一方で，職場体験活動のみをもってキャリア教育を行ったものとしているのではないか，社会への接続を考慮せず，次の学校段階への進学のみを見据えた指導を行っているのではないか，職業を通じて未来の社会を創り上げていくという視点に乏しく，特定の既存組織のこれまでの在り方を前提に指導が行われているのではないか，などといった課題が指摘されている。また，将来の夢を描くことばかりに力点が置かれ，「働くこと」の現実や必要な資質・能力の育成につなげていく指導が軽視されているのではないか，といった指摘もあり，教育課程全体を通じて必要な資質・能力の育成を図っていく取組が改めて求められている。

（2）キャリア教育の中核となる時間

　社会的・職業的自立に向けて必要な基盤となる資質・能力は，小学校から高等学校まで，発達の段階に応じて，学校の教育活動全体の中で育むものとされてきた。一方で，これまで学校の教育活動全体で行うとされてきたことが，逆に指導場面を曖昧にしてしまい，特に狭義の意味での「進路指導」との混

同により，進路に関連する内容が存在しない小学校においては，体系的に行われてこなかったという課題もあった。

　中学校，高等学校においては，特別活動の学級活動・ホームルーム活動に「進路」という内容が示され，卒業時に入学試験や就職活動があることから，本来のキャリア教育(本質的な系統的な進路指導)を矮小化した取組が行われている例が多く見られた。また，職場体験活動や社会人講話など，職業に関する理解を目的とした活動だけに目が行きがちになり，一人一人が自らの在り方生き方を考えるものになっていない例も見受けられた。

　こうしたことを念頭に，学習指導要領改訂に向けた中央教育審議会特別活動ワーキンググループにおける検討の中では，キャリア教育の中核となる時間の明示が必要だという意見があり，学習指導要領の総則には，「特別活動を要としつつ」という新たな表現が用いられている。各教科・科目等の内容の改善においても，キャリア教育に関する資質・能力を培うことを意識した検討が行われてきたところで，これまで以上にキャリア教育を学校教育全体で行うことという前提の基，自らのキャリアやこれからの学びや生き方を見通し，これまでの活動を振り返るなど，教育活動全体の取組をキャリア形成につなげていくための中核的な時間として，特別活動を位置付けることとなった。このことは，特別活動における「自己実現」といった視点からも重要な活動として捉えることができる。

　人間としての在り方生き方を考える領域は，道徳科や総合的な学習(探究)の時間もその役割を担っている。その中でも特別活動は，自分自身の現在及び将来と直接関わるものであること，集団や他者との関わりを前提として自己を考えるということを特質としてきた。加えて，教科・科目等を通して唯一，目標の中に自分のよさを生かすという「自己実現」の観点を明示してきたのである。また，高等学校卒業後に就職し短期間で仕事を辞めた人が，職場での人間関係を離職理由として最も多く挙げているという調査結果もあり，人間関係を直接扱う特別活動に係る期待は大きい。

　キャリア教育の本来の役割を改めて明確にするためにも，小学校段階から特別活動の中にキャリア教育の視点を取り入れていくことは重要である。

　改めての確認となるが，小学校の特別活動の中にキャリア教育の視点を取り入れていくことは，これまで行われていなかった内容を新たに加えていくということではない。これまでも小学校の学級活動等の中で行われてきた学習や活動が基礎的・汎用的能力の育成につながっていることを明確にした上で，内容項目のうち，例えば，働くことの意義の理解や見通しをもちながら生活するということなど，中学校以降のキャリア教育につながっていくものを整理し，そこで育成する資質・能力を明らかにした上で再構成している。

(小学校)第6章特別活動　第2各活動・学校行事の目標及び内容　2内容

(3)一人一人のキャリア形成と自己実現
　　ア　現在や将来に希望や目標をもって生きる意欲や態度の形成
　　　　学級や学校での生活づくりに主体的に関わり，自己を生かそうとするとともに，希望や目標をもち，その実現に向けて日常の生活をよりよくしようとすること。
　　イ　社会参画意識の醸成や働くことの意義の理解
　　　　清掃などの当番活動や係活動等の自己の役割を自覚して協働することの意義を理解し，社会の一員として役割を果たすために必要となることについて主体的に考えて行動すること。

> ウ　主体的な学習態度の形成と学校図書館等の活用
> 　学ぶことの意義や現在及び将来の学習と自己実現とのつながりを考えたり，自主的に学習する場としての学校図書館等を活用したりしながら，学習の見通しを立て，振り返ること。

（中学校）第5章特別活動　第2各活動・学校行事の目標及び内容　2内容

> (3)一人一人のキャリア形成と自己実現
> 　ア　社会生活，職業生活との接続を踏まえた主体的な学習態度の形成と学校図書館等の活用
> 　　現在及び将来の学習と自己実現とのつながりを考えたり，自主的に学習する場としての学校図書館等を活用したりしながら，学ぶことと働くことの意義を意識して学習の見通しを立て，振り返ること。
> 　イ　社会参画意識の醸成や勤労観・職業観の形成
> 　　社会の一員としての自覚や責任をもち，社会生活を営む上で必要なマナーやルール，働くことや社会に貢献することについて考えて行動すること。
> 　ウ　主体的な進路の選択と将来設計
> 　　目標をもって，生き方や進路に関する適切な情報を収集・整理し，自己の個性や興味・関心と照らして考えること。

（高等学校）第5章特別活動　第2各活動・学校行事の目標及び内容　2内容

> (3)一人一人のキャリア形成と自己実現
> 　ア　学校生活と社会的・職業的自立の意義の理解
> 　　現在及び将来の生活や学習と自己実現とのつながりを考えたり，社会的・職業的自立の意義を意識したりしながら，学習の見通しを立て，振り返ること。
> 　イ　主体的な学習態度の確立と学校図書館等の活用
> 　　自主的に学習する場としての学校図書館等を活用し，自分にふさわしい学習方法や学習習慣を身に付けること。
> 　ウ　社会参画意識の醸成や勤労観・職業観の形成
> 　　社会の一員としての自覚や責任をもち，社会生活を営む上で必要なマナーやルール，働くことや社会に貢献することについて考えて行動すること。
> 　エ　主体的な進路の選択決定と将来設計
> 　　適性やキャリア形成などを踏まえた教科・科目を選択することなどについて，目標をもって，在り方生き方や進路に関する適切な情報を収集・整理し，自己の個性や興味・関心と照らして考えること。

　述べてきたような背景から，学習指導要領において，中学校・高等学校ではこれまでの学級・ホームルーム活動の内容項目(3)「学業と進路」を「一人一人のキャリア形成と自己実現」と改め，小学校にもこれを設け，内容を整理することとした。特別活動を要としたキャリア教育の具体例は，第3章に示した。

（3）キャリア教育の中核となる活動

　学習指導要領には繰り返し「見通しを立て，振り返る」という活動が記されている。これまでも，「見通しを立て，振り返る」活動は教科指導や学校行事などで多くの学校が日常的に大事にされていることである。同じような表現は以下にもある。

（小学校）第1章総則　第3教育課程の実施と学習評価　1主体的・対話的で深い学びの実現に向けた授業改善

> (4)児童が学習の見通しを立てたり学習したことを振り返ったりする活動を，計画的に取り入れるように工夫すること。

（小学校）第6章　特別活動　第2各活動・学校行事の目標及び内容　〔学級活動〕3内容の取扱い(2)

> 2の(3)の指導に当たっては，学校，家庭及び地域における学習や生活の見通しを立て，学んだことを振り返りながら，新たな学習や生活への意欲につなげたり，将来の生き方を考えたりする活動を行うこと。その際，児童が活動を記録し蓄積する教材等を活用すること。

　このように，「見通しを立て，振り返る」ことを授業改善の視点，特に新たな学習や生活への意欲につなぐ手立ての一つとして示し，そのための具体的なツールとして"児童が活動を記録し蓄積する教材等"を明示した。

　学習指導要領が示す授業改善の視点「主体的・対話的で深い学び」は，中央教育審議会答申「幼稚園，小学校，中学校，高等学校及び特別支援学校の学習指導要領等の改善及び必要な方策等について」（以下：学習指導要領改訂に向けた中央教育審議会答申）を踏まえると，以下のように整理することができる。

①学ぶことに興味や関心をもち，自己のキャリア形成の方向性と関連付けながら，見通しをもって粘り強く取り組み，自己の学習活動を振り返って次につなげる「主体的な学び」が実現できているか。

②子供同士の協働，教職員や地域の人との対話，先哲の考え方を手掛かりに考えること等を通じ，自己の考えを広げ深める「対話的な学び」が実現できているか。

③習得・活用・探究という学びの過程の中で，各教科等の特質に応じた「見方・考え方」を働かせながら，知識を相互に関連付けてより深く理解したり，情報を精査して考えを形成したり，問題を見いだして解決策を考えたり，思いや考えを基に創造したりすることに向かう「深い学び」が実現できているか。

（下線：引用者）

「主体的な学び」の整理からは，「見通し，振り返り」と「学びとキャリア形成の関連付け」によって，次の学びへの動機付けにつなぐことの重要性を見ることができる。
そして，学習評価の点からもその活動の重要性が謳われている。

（小学校）第1章総則　第3教育課程の実施と学習評価　2学習評価の充実

> (1)児童のよい点や進歩の状況などを積極的に評価し，学習したことの意義や価値を実感できるようにすること。また，各教科等の目標の実現に向けた学習状況を把握する観点から，単元や題材など内容や時間のまとまりを見通しながら評価の場面や方法を工夫して，学習の過程や成果を評価し，指導の改善や学習意欲の向上を図り，資質・能力の育成に生かすようにすること。

　学習指導要領改訂に向けた中央教育審議会答申では，資質・能力のバランスのとれた学習評価を行っていくためには，論述やレポートの作成，発表，グループでの話合い，作品の制作等といった多様な活動に取り組ませるパフォーマンス評価などを取り入れ，ペーパーテストの結果にとどまらない，多面的・多角的な評価を行っていくことが必要とされている。また，総括的な評価のみならず，一人一人の学びの多様性に応じて，学習の過程における形成的な評価を行い，児童の資質・能力がどのように伸びているかを，例えば，日々の記録やポートフォリオなどを通じて，児童自身が把握できるようにしていくことも考えられるとしている。

自らの学習状況やキャリア形成を見通したり，振り返ったりできるようにすることがこれからの評価にも求められている。

（4）「キャリア・パスポート」の導入

学習指導要領改訂に向けた中央教育審議会答申では，「見通しを立て，振り返る」活動の一つの方策を次のように示している。

> 特別活動（学級活動・ホームルーム活動）を中核としつつ，「キャリア・パスポート（仮称）」などを活用して，子供たちが自己評価を行うことを位置付けることなどが考えられる。その際，教師が対話的に関わることで，自己評価に関する学習活動を深めていくことが重要である。

小学校から高等学校までの特別活動をはじめとしたキャリア教育に関わる活動について，学びのプロセスを記述し振り返ることができるポートフォリオ（「キャリア・パスポート」（仮称））的な教材を作成し，活用することが効果的ではないかとの提案がなされた。学習指導要領では，それを"児童が活動を記録し蓄積する教材等"の活用（前頁）と示したのである。

こうしたものが特別活動を中心としつつ各教科・科目等と往還しながら活用されることで，学びを蓄積し，それを社会や将来につなぎ，必要に応じて振り返ることにより，主体的に学びに向かう力を育て，自己のキャリア形成に生かすことが可能となるとともに，特別活動や各教科・科目等における指導の改善にも寄与することと期待されている。

その具体については，小学校から高等学校まで，その後の進路も含め，学校段階を越えて活用できるようなものとなるよう工夫しつつ，各地域の実情に合わせたカスタマイズや，各学校や学級（ホームルーム）における創意工夫を生かした形での活用が可能なものとなるよう検討がなされた。文部科学省は平成29年度から調査研究を核とした「キャリア・パスポート（仮称）」普及・定着事業を実施し，平成31年3月には「『キャリア・パスポート』例示資料等について」を発出した。

「キャリア・パスポート」の内容は次のように整理される。

（1）児童生徒自らが記録し，学期，学年，入学から卒業までの学習を見通し，振り返るとともに，将来への展望を図ることができるものとする

▶ 児童生徒が記録する日常のワークシートや日記，手帳や作文等は，「キャリア・パスポート」を作成する上での貴重な基礎資料となるが，それをそのまま蓄積することは不可能かつ効果的ではなく，基礎資料を基に学年もしくは入学から卒業等の中・長期的な振り返りと見通しができる内容とすること

（2）学校生活全体及び家庭，地域における学びを含む内容とする

▶ 教科・科目のみ，学校行事等のみの自己評価票とならないように留意すること（①「教科学習」，②「教科外活動（学校行事，児童会活動・生徒会活動やクラブ活動，部活動など①以外の学校内での活動）」，③「学校外の活動（ボランティア等の地域活動，家庭内での取組，習い事などの活動）」の3つの視点で振り返り，見通しがもてるような内容とすること

▶ 特別活動を要としつつ各教科・科目等と学びが往還していることを児童生徒が認識できるよう

　　に工夫すること

（3）学年，校種を越えてもち上がることができるものとする

　　▶ 小学校入学から高等学校卒業までの記録を蓄積する前提の内容とすること

　　▶ 各シートはＡ４判（両面使用可）に統一し，各学年での蓄積は数ページ（5枚以内）とすること

（4）大人（家族や教師，地域住民等）が対話的に関わることができるものとすること

　　▶ 家族や教師，地域住民等の負担が過剰にならないように配慮しつつも，児童生徒が自己有用感の醸成や自己変容の自覚に結び付けられるような対話を重視すること

（5）詳しい説明がなくても児童生徒が記述できるものとすること

（6）学級活動・ホームルーム活動で「キャリア・パスポート」を取り扱う場合にはその内容及び実施時間数にふさわしいものとすること

　　▶ 学習指導要領解説特別活動編を必ず確認すること

（7）カスタマイズする際には，保護者や地域などの多様な意見も参考にすること

（8）通常の学級に在籍する発達障害を含む障害のある児童生徒については，児童生徒の障害の状態や特性及び心身の発達の段階等に応じて指導すること。また，障害のある児童生徒の将来の進路については，幅の広い選択の可能性があることから，指導者が障害者雇用を含めた障害のある人の就労について理解するとともに，必要に応じて，労働部局や福祉部局と連携して取り組むこと

（9）特別支援学校においては，個別の教育支援計画や個別の指導計画等により「キャリア・パスポート」の目的に迫ることができると考えられる場合は，児童生徒の障害の状態や特性及び心身の発達の段階等に応じた取組や適切な内容とすること

　また，児童生徒の実態から「キャリア・パスポート」の必要性を考えることもできる。日本の若者の自己肯定感及び社会参画意識の低さは各種調査でも明らかである。学習指導要領の改訂に向けた中央教育審議会においては，「若者は本来，可能性にあふれているはず」「日本の若者の学習意欲，自己肯定感や社会参画意識の低さは何に起因するのか」「学習者の主体性や意欲を引き出す学習評価になっていたか」などが議論された。その結果，学習指導要領に

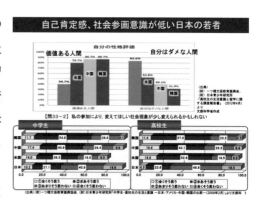

初めて設けられた前文は教育基本法の目標を5つ示したのち，「一人一人の児童が，自分のよさや可能性を認識する」ことから書き出されている。児童生徒が自分のよさや可能性を認識できるようにするための一つの活動が「見通しを立て，振り返る」であり，そのツールとして「キャリア・パスポート」が提案されているのである。前文は次のように結ばれている。「児童が学ぶことの意義を実感できる環境を整え，一人一人の資質・能力を伸ばせるようにしていくことは，教職員をはじめとする学校関係者はもとより，家庭や地域の人々も含め，様々な立場から児童や学校に関わる全ての大人に期待される役割である。幼児期の教育の基礎の上に，中学校以降の教育や生涯にわたる学習とのつながりを見通しながら，児童の学習の在り方を展望していくために広く活用されるものとなることを期待して，ここに小学校学習指導要領を定める。」

「キャリア・パスポート」の具体例については第3章に示した。

文部科学省「キャリア・パスポート」例示資料等についてはこちらのQR CODEから。
https://www.mext.go.jp/a_menu/shotou/career/detail/1419917.htm

文部科学省「キャリア・パスポート」Q&AについてはこちらのQR CODEから。
https://www.mext.go.jp/a_menu/shotou/career/detail/1419917_00001.htm

国立教育政策研究所「キャリア・パスポート　リーフ」シリーズについてはこちらの
QR CODEから。
https://www.nier.go.jp/04_kenkyu_annai/div09-shido.html

（5）キャリア・カウンセリング

「キャリア・パスポート」を提案した，学習指導要領改訂に向けた中央教育審議会答申を再掲する。

> 　特別活動（学級活動・ホームルーム活動）を中核としつつ，「キャリア・パスポート（仮称）」など
> を活用して，子供たちが自己評価を行うことを位置付けることなどが考えられる。その際，教員が
> 対話的に関わることで，自己評価に関する学習活動を深めていくことが重要である。

「キャリア・パスポート」は記録や蓄積そのものも大事だが，それを活用して教員が対話的に関わることによって，児童生徒にとっては自己理解，教師にとっては児童生徒理解を深めることを求めている。

これまで，キャリア・カウンセリングについては，「子供たちが自らの意思と責任で進路を選択することができるようにするための，個別又はグループ別に行う指導援助のことです」と説明されてきたため，「進路の選択」が強調されると中学校・高等学校の進路指導における進路相談がイメージされる場合があったことは否めない。しかし，キャリア・カウンセリングにとって大切なことは"日常の生活で児童生徒の「気付き」を促し，主体的に考えさせ，児童生徒の行動や意識の変容につなげることを意図して働きかけることである。

また，学習指導要領の総則に初めて明記された「学級（ホームルーム）経営」は，「学習や生活の基盤として，教師と児童（生徒）との信頼関係及び児童（生徒）相互のよりよい人間関係を育てるため，日頃から学級（ホームルーム）経営の充実を図ること。また，主に集団の場面で必要な指導や援助を行うガイダンスと，個々の児童（生徒）の多様な実態を踏まえ，一人一人が抱える課題に個別に対応した指導を行うカウンセリングの双方により，児童（生徒）の発達を支援すること。」とされている。ここで言うカウンセリングとは専門家に委ねることや，面接や面談の場に限ったものではなく教師が意図を持った児童生徒との日常的な「対話」「言葉がけ」を含めた広義なものと解説されている。「個々の多様性を踏まえる」「一人一人が抱える課題に対して」などの表現に接すると，どうしても一対一の対応を想像しがちだが，個々の発達を踏まえたキャリア教育は，教師と児童生徒との関わりのみならず児童生徒相互の関わりの場面においても行うこともできる。児童生徒のキャリア発達を促すという意図をもって働きかけることが大切なのであり，場面を問わない活動と言えるのである。

　第3章の事例にキャリア・カウンセリングを意識した「キャリア・パスポート」へのコメント記入を示した。

国立教育政策研究所「「語る」「語らせる」「語り合わせる」で変える！キャリア教育－個々のキャリア発達を踏まえた"教師"の働きかけ－」についてはこちらのQRCODEから。
https://www.nier.go.jp/shido/centerhp/career_jittaityousa/career-report_pamphlet3.htm

（6）職業に関する体験活動

　体験活動の推進については，引き続き学習指導要領に示されている。
　ここでは改めて，体験活動の重要性を学習指導要領の総則から確認する。

(小学校)第1章総則　第6道徳教育に関する配慮事項
　3　学校や学級内の人間関係や環境を整えるとともに，集団宿泊活動やボランティア活動，自然体験活動，地域の行事への参加などの豊かな体験を充実すること。また，道徳教育の指導内容が，児童の日常生活に生かされるようにすること。その際，いじめの防止や安全の確保等にも資することとなるよう留意すること。

　国立教育政策研究所生徒指導・進路指導研究センターの「キャリア教育に関する総合的研究第一次報告書」(令和2年)でも，職業に関する体験活動への児童生徒や保護者等の評価は高く，小学校においては，キャリア教育の体験活動を計画する際，日常生活や日々の学習と将来をつなげることを重視している学校は7割を超えている。

　しかし，国立教育政策研究所生徒指導・進路指導研究センターが公表した平成31年度職場体験・インターンシップ実施状況等調査では，公立中学校における職場体験の実施状況は，97.9％とここ数年天井を打っているものの，「5日」の実施校の割合は減少傾向にある。

　また，普通科の高等学校における体験活動については，繰り返し課題が示され，その充実が謳われてきたところだが，学習指導要領改訂に向けた中央教育審議会答申において次のように進学校でも生徒の実態を踏まえたインターンシップの推進を求めている。

　高等学校の就業体験(インターンシップ)については，これまで主に高等学校卒業後に就職を希望する生徒が多い普通科や専門学科での実習を中心に行われてきたが，今後は，大学進学希望者が多い普通科の高等学校においても，例えば研究者や大学等の卒業が前提となる資格を要する職業も含めた就業体験(いわゆる「アカデミック・インターンシップ」)を充実するなど，それぞれの高等学校や生徒の特性を踏まえた多様な展開が期待される。

　学習指導要領における「社会に開かれた教育課程の編成」や職業に関する体験活動の具体例は第2章に示す。

【主なキャリア教育の経緯】

| 平成11年（1999年）12月 | 中教審答申「初等中等教育と高等教育との接続の改善について」 |

● 「キャリア教育」という用語が初めて登場
● 改善の方策
・キャリア教育を小学校段階から発達段階に応じて実施する必要がある。
・家庭，地域と連携し，体験的な学習を重視する必要がある。
・学校ごとに目標を設定し，教育課程に位置付けて計画的に行う必要がある。

平成14年（2002年）11月	「キャリア教育に関する総合的調査研究者会議」設置
平成15年（2003年）6月	「若者自立・挑戦プラン」
平成16年（2004年）12月	「若者自立・挑戦のためのアクションプラン」
平成20年（2008年）12月	中教審諮問「今後の学校におけるキャリア教育・職業教育の在り方について」
平成23年（2011年）1月	中教審答申「今後の学校におけるキャリア教育・職業教育の在り方について」

● 基礎的・汎用的能力を提示
● 改善の方策
・社会的・職業的自立，学校から社会・職業への円滑な移行に必要な基礎的・汎用的能力の育成を目指すものである。
・学校教育全体を通じてキャリア教育を推進する必要がある。
・小学校，中学校，高等学校と系統的なキャリア教育を推進する必要がある。

平成23年（2011年）1月	「キャリア教育における外部人材活用等に関する調査研究協力者会議」設置
平成26年（2014年）11月	中教審諮問「初等中等教育における教育課程の基準等の在り方について」
平成28年（2016年）12月	中教審答申「幼稚園，小学校，中学校，高等学校及び特別支援学校の学習指導要領等の改善及び必要な方策等について」

● 「キャリア教育」の重要性を明示
● 改善の方策
・キャリア教育の中核となる特別活動の役割を確認する必要がある。
・「キャリア・パスポート」を活用，見通し，振り返る活動を重視する必要がある。
・アカデミック・インターンシップなど職業に関する体験活動について工夫する必要がある。

| 平成29年（2017年）3月 | 小学校及び中学校学習指導要領告示 |
| 平成30年（2008年）3月 | 高等学校学習指導要領告示 |

● 小学校，中学校，高等学校の総則に「キャリア教育の充実」を明記

【主な報告書・手引書・パンフレット等】

平成16年（2004年）1月	報告書「児童生徒一人一人の勤労観，職業観を育てるために」
平成17年（2005年）11月	「中学校　職場体験ガイド」
平成18年（2006年）11月	「小学校・中学校・高等学校　キャリア教育推進の手引き」
平成18年（2006年）11月	「高等学校におけるキャリア教育の推進に関する調査研究協力者会議報告書」
平成19年（2007年）3月	「職場体験・インターンシップに関する調査研究報告書」
平成20年（2008年）3月	「キャリア教育体験活動事例集（第1分冊）―家庭や地域との連携・協力―」
平成21年（2009年）3月	「自分に気付き，未来を築くキャリア教育―小学校におけるキャリア教育推進のために―」
平成21年（2009年）3月	「キャリア教育体験活動事例集（第2分冊）―家庭や地域との連携・協力―」
平成21年（2009年）11月	「キャリア教育って結局何なんだ?」―中学校におけるキャリア教育推進のために―
平成22年（2010年）1月	「小学校キャリア教育の手引き」
平成22年（2010年）2月	「キャリア教育は生徒に何ができるだろう」―高等学校におけるキャリア教育推進のために―
平成23年（2011年）2月	「キャリア教育の更なる充実のために」―期待される教育委員会の役割―
平成23年（2011年）3月	「キャリア発達にかかわる諸能力の育成に関する調査研究報告書」
平成23年（2011年）5月	「中学校キャリア教育の手引き」
平成23年（2011年）11月	「高等学校キャリア教育の手引き」
平成23年（2011年）11月	「キャリア教育を創る」―学校の特色を生かして実践するキャリア教育―
平成23年（2011年）12月	「学校が社会と協働して一日も早くすべての児童生徒に充実したキャリア教育を行うために」
平成24年（2012年）8月	「キャリア教育をデザインする」―小・中・高等学校における年間指導計画作成のために―
平成25年（2013年）3月	報告書「キャリア教育・進路指導に関する総合的実態調査（第一次）」

平成25年(2013年)10月	報告書「キャリア教育・進路指導に関する総合的実態調査(第二次)」
平成26年(2014年)3月	「キャリア教育が促す『学習意欲』」
平成27年(2015年)3月	「子供たちの『見取り』と教育活動の『点検』」－キャリア教育を一歩進める評価－
平成27年(2015年)3月	報告書「高等学校普通科におけるキャリア教育の実践と生徒の変容の相関関係に関する調査研究」
平成28年(2016年)3月	「語る，語らせる，語り合わせるで変える！キャリア教育」
平成29年(2017年)3月	「高校生の頃にしてほしかったキャリア教育って何?」
平成30年(2018年)3月	「生徒が直面する将来のリスクに対して学校にできることって何だろう?」
平成30年(2018年)5月	「キャリア・パスポートって何だろう?」
平成30年(2018年)5月	「キャリア・パスポートで小・中・高をつなぐ」
平成30年(2018年)5月	「キャリア・パスポートで日々の授業をつなぐ」
平成30年(2018年)11月	「キャリア・パスポートで『児童生徒理解』につなぐ」
平成31年(2019年)3月	「キャリア・パスポートを『自己理解』につなぐ」
平成31年(2019年)3月	「『キャリア・パスポート』例示資料等について」
令和2年(2020年)3月	報告書「キャリア教育に関する総合的研究(第一次)」
令和2年(2020年)4月	「『キャリア・パスポート』Q&A」(随時更新)
令和3年(2021年)7月	「キャリア・パスポートでキャリア教育と特別活動をつなぐ」
令和3年(2021年)10月	報告書「キャリア教育に関する総合的研究(第二次)」
令和4年(2022年)3月	「キャリア・パスポートを『ホームルーム経営』につなぐ」
令和4年(2022年)3月	「キャリア・パスポートを『小小連携』『保幼小中高連携』につなぐ」

コラム

「キャリア教育に関する総合的研究」から

　国立教育政策研究所生徒指導・進路指導研究センターが実施しているキャリア教育に関する総合的研究では次のようなキャリア教育の状況が浮き彫りになっている。

（1）小学校
- ・キャリア教育の年間指導計画を作成している学校の8割以上が，年度末に計画の見直し・改善を図っている。学校はキャリア教育の一層の充実に努めようとしている。
- ・キャリア・カウンセリングについて，「内容や方法がわからない」と回答した学級担任の割合は約2割である。約4割であった前回調査の結果に鑑みると，キャリア・カウンセリングの内容や方法の理解が確実に進んでいることがうかがえる。
- ・9割以上の児童が，「これからもっとたくさんのことを学びたい」「学校での勉強はふだんの生活に役立つ」「学校での勉強は将来の仕事の可能性を広げてくれる」などの問いに肯定的に回答している＊。児童は学ぶことの意義を実感して意欲的に学習している。
- ・「身に付けさせたい力」を意識してキャリア教育を実践している学級担任は，児童の基礎的・汎用的能力や学習意欲の向上を見取っており，児童自身もそのことを認識している。児童の実感を更に高めるために，「キャリア・パスポート」の有効活用が期待される。

（2）小学校・中学校・高等学校の校種間比較
- ・「キャリア・パスポート」を児童生徒理解に活用している教員のうち，児童生徒の学習意欲の向上を実感している者が担任する児童生徒の学習意欲の高まりについて確認すると，教員と児童生徒の認識の一致状況については校種による違いが見られる。今後，児童生徒理解に資するものとなるよう，更なる「キャリア・パスポート」の開発・改善が望まれる。
　＊「当てはまる」，「どちらかというと当てはまる」の計を肯定的とした。

【キャリア教育に関する総合的研究について】
- ・実施時期：令和元年7月〜10月
- ・調査方法：各都道府県・政令指定都市が所管する公立小学校・中学校・高等学校の児童生徒数に基づく学校規模に比例するよう，国立教育政策研究所において，ランダムに抽出。なお，児童生徒調査については，上記で抽出した学校のうち，さらに各都道府県・政令指定都市から2校ずつ，ランダムに抽出。
- ・調査の種類と回答数：

区　　分	公立小学校		公立中学校		公立高等学校	
	回答数	回収率	回答数	回収率	回答数	回収率
学校調査	795 校	79.5%	397 校	79.4%	716 校	71.6%
学級・ホームルーム担任調査	1,562 人	98.3%	1,379 人	97.2%	4,066 人	94.2%
児童生徒調査	2,908 人	98.2%	3,426 人	93.7%	3,606 人	98.0%

国立教育政策研究所「キャリア教育に関する総合的研究」についてはこちらのQR CODE から。
https://www.nier.go.jp/shido/centerhp/career_SogotekiKenkyu/

キャリア教育
推進のために

第2章 キャリア教育推進のために

第1節　校内組織の整備

(1)キャリア教育の推進と校長の役割

　各学校における教育課程は，校長のリーダーシップの下，全教職員が協力して編成していくものである。特に，キャリア教育は，児童が行う全ての学習活動等が影響するため，学校の全ての教育活動を通して推進されなければならない。

　また，キャリア教育は，目標及び育成する資質・能力，教育内容・方法等について，各学校が決定していかなければならないことから，校長はその教育的意義や教育課程における位置付けなどについての考えを全教職員に示し，実施に向けて「キャリア教育推進委員会」等の校内組織を整えていかなければならない。そして，全教職員が互いに連携を密にして，キャリア教育の指導計画の作成及び運用を図っていくよう導いていく必要がある。

　さらに，キャリア教育では，校外の様々な人や施設，団体等からの支援が欠かせない。家庭の理解と協力も必要である。また，学習に必要な施設・設備，予算面については，設置者からの支援が欠かせない。このことから，校長は，自校のキャリア教育の目標や教育内容，実践状況について，学校便りやホームページ等により積極的に外部に情報発信し，広く協力を求めることが大切である。

　そこで，各学校においてキャリア教育を推進していくためには，次のような手順例が考えられる。

【学校におけるキャリア教育推進の手順例】

（1）キャリア教育の視点を踏まえ，育てたい児童像を明確にする

（2）学校の教育目標，教育方針等にキャリア教育を位置付ける

（3）キャリア教育推進委員会(仮称)を設置する

（4）教職員のキャリア教育についての共通理解を図る(校内研修)

（5）キャリア教育の視点で教育課程を見直し，改善する

（6）キャリア教育を実践する

（7）家庭，地域に対しキャリア教育に関する啓発を図る

（8）キャリア教育の評価を行い，その改善を図る

各学校では校長の方針に基づき，キャリア教育の目標が達成できるように，全教職員が協力して全体計画を作成し，円滑に実践していく校内推進体制を整える必要がある。校内推進体制の整備に当たっては，全教職員が目標を共有しながら適切に役割を分担するとともに，教職員間及び校外の支援者とのコミュニケーションを密にして連携することを念頭に置くことが肝要である。

　この項では，児童に対する指導体制と実践を支える運営体制の二つの観点から，キャリア教育のための校内推進体制の在り方について述べることとする。

（2）児童に対する指導体制

　キャリア教育に関わる授業は，実際に指導を進めていく学級担任が指導者となって進められることが多い。日ごろ，学級担任は各教科等の授業を通して児童をよく理解しており，児童の実態を生かしたり各教科，道徳科，外国語活動，総合的な学習の時間，特別活動と関連を図ったりして創意あふれる実践がしやすい立場にあり，これまでも数多くの優れた実践が展開されてきている。

　一方，キャリア教育の学習が進む中で，児童の問題の解決や体験的な活動の幅が広がったり多様化したりすることや，児童の追究が次々と深化することは，当然おこり得ることであり，学級担任一人だけでは対応できない状況が出てくる。このような場合に，学級担任以外の教師がＴＴで入る体制を整えたり学級の枠をはずして学年の教師集団が指導を分担したりする工夫も必要となる。また，学習内容によっては，専科の教師や養護教諭等の専門性を生かした学校全体の支援体制が必要になる。

　このような複数の教職員による指導を可能にするには，時間割の工夫のほか，全教職員が自分の学級や学年だけでなく，他の学級や学年のキャリア教育の実施状況を十分把握しておくことが大切である。その意味で，学級担任は，キャリア教育の実施状況を様々な形で他の学級や学年に公開する必要がある。例えば，日常の授業の公開のほか，児童の学習活動の様子を廊下に掲示したり学級便りや学年便りの記事にしたりすることが有効である。また，全教職員で実践状況を紹介し合い，互いに学び合うことなどを内容としたワークショップを行うことも，学校全体の学習状況の理解を深めると同時に，教職員の協同性を高めることにつながる。

（3）実践を支える運営体制

　キャリア教育では，児童の問題解決や体験的な活動の広がりや深まりによって，複数の教師による指導や校外の支援者との協力的な指導が必要になる。また，教科書がない学習活動を展開する中で，指導内容や指導方法等をめぐって，指導する教師が気軽に相談できる仕組みを職員組織に位置付けておくことも求められる。さらに，指導に必要な施設・設備の調整や予算の配分や執行を行う役割も校内に必要である。このように，キャリア教育の特性から，校内に指導に当たる教師を支える体制を整える必要がある。

　そこで，次に示す職員分担や組織運営を参考に，校長は各学校の実態に応じて校内規程を整備し，教師の実践を学校全体で支える仕組みを整える必要がある。

ア　キャリア教育の実践を支える校内分担例

　　○教頭　　　　　　　　運営体制の整備　校外の支援者　支援団体との渉外
　　○教務主任　　　　　　各種計画の作成と評価　時間割の調整

○研修担当　　　　キャリア教育に関わる研修の企画・運営
○学年主任　　　　学年内の連絡・調整　研修　相談
○特別活動主任　　学級活動(3)の授業研究や「キャリア・パスポート」の検討
○図書館担当　　　必要な図書の整備　児童の図書館活用支援
○機器担当　　　　情報機器等の整備及び配当
○安全担当　　　　学習活動時の安全確保
○養護教諭　　　　学習活動時の健康管理　健康教育に関わること
○事務担当　　　　予算の管理及び執行

イ　キャリア教育推進委員会

　キャリア教育の全体計画及び年間指導計画の実施や評価，各分担及び学年間の連絡・調整，実践上の課題解決や改善等を図るため，関係教職員で組織する。

　構成については学校の実態によって様々考えられるが，例えば，下図に示すように，教頭，教務主任，研究担当，道徳教育推進教師，特別活動主任，学年主任などが考えられる。協議内容によっては，図書館教育担当や養護教諭，情報教育担当等を加える場合もあろう。小規模校であれば，教頭，教務主任，研究担当，特別活動主任などから構成することが考えられる。

　これらの関係教師間の連携強化のために連絡・調整を行うとともに，キャリア教育推進委員会の円滑な運営を図るほか，全体計画をはじめとする各種計画の作成・運用・評価についての調整，校外の支援者との連携のためにコーディネート役の教師を置くことも有効である。

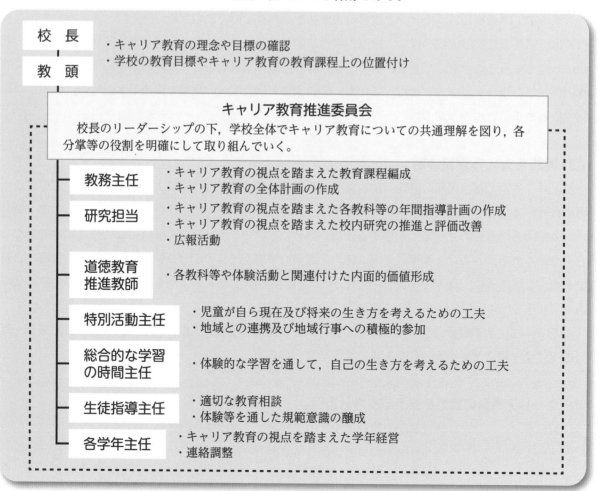

ウ　学年部会

　キャリア教育は，学年ごとに共通テーマを設けたり年間指導計画を作成，実施したりしている学校が多い。異学年間で実践を行う場合も，学年の担当者を窓口に教師間連携が図られることが多い。このことから，学年部会は，キャリア教育の運営上の重要な役割をもつと言える。

　学年部会は，学級間の連絡・調整のみならず，指導計画の改善や実践に伴って次々と生まれる諸課題の解決や効果的な指導方法等について学び合うなど，研修の場としても大切な役割が期待される。

　また，学年部会では，実践上の悩みや疑問が率直に出され，互いに自由な雰囲気で話し合えるよう配慮することが大切である。そのことが，教師同士の協同性を高め，キャリア教育の改善のための日常的な営みを容易にしていく。

　なお，小規模校では，例えば3・4学年部会と5・6学年部会を構成したり，場合によっては3〜6学年合同部会を構成したりして，実践交流や情報交換等を行うなどの工夫によって，協同性や協力体制を向上させることができるであろう。

第2節　教職員の研修

　キャリア教育を充実させ，その目標を達成する鍵をにぎるのは，指導する教師のカリキュラム編成やその運用能力，そして授業での指導力などである。さらに，地域や学校，児童の実態に応じて，特色ある学習活動を生み出していく構想力も必要である。また，キャリア教育は，教師がチームを組んで互いにもち味を発揮して指導に当たることによって，児童の多様な学習状況に対応できるのであり，各学校では，教職員全体の指導力向上を図る必要がある。したがって，校内研修を充実させることは，各学校にとって極めて重要である。

　校内研修のねらいや内容は，各学校の職員構成や実践上の課題等に応じて適切に定めていくべきものであるが，まずは，本書を参考に，学校において定めるキャリア教育の目標，育成する資質・能力，キャリア教育の教育課程における位置付けや各教科，道徳科，外国語活動，総合的な学習の時間及び特別活動との関連，全体計画，年間指導計画，単元の指導計画の作成及び評価等については，全教職員の認識を深めておく必要がある。また，研修内容は，できる限り実践を進める教師の希望や必要感を生かしたものにしていきたい。

　なお，校内研修は全教師が一堂に会して実施する場合もあるが，学年単位や課題別グループ単位等の少人数で，課題に応じて弾力的に，そして継続的に実施していくことも必要である。また，研修方法についても，講義形式のほか，ワークショップや事例研究，演習方式等，学校の実態や研修のねらいに応じて適切な方法を採用したい。

　また，年間の研修計画には授業研究を位置付けるようにし，児童の学習に取り組む姿を介して教師の指導や支援等について評価し，指導力の向上を図ることも必要である。

　さらに，キャリア教育の全体計画，年間指導計画，実践記録，児童の作品や作文等の写し，映像記録，参考文献等を，コーナーを決めて整理・保存し，いつでも検索できるようにしておくことも，職員研修の推進にとって有効である。

　このようにして進める校内研修は，教師間の協同性を高める上でも極めて重要である。

　一方，校長は校外で行われる研修会や研究会に積極的に職員を派遣し，その成果を自校に役立てることが大切である。また，近隣の学校同士で実践交流を行い，互いに学び合う機会を設けることも，実践力の向上に役立つ。

【研修例】

回	研修のテーマ	目的	内容例及び留意点
第1回	キャリア教育の意義	・小学校におけるキャリア教育の意義を理解する。 ・社会の仕組や経済社会の構造について理解を深める。 ・キャリア教育の推進に不可欠な教師全体の意識を高める。	・指導者養成研修を受講した講師を招き，キャリア教育が求められる背景（社会の仕組や経済社会の構造などを含む）やその基本的な理念について学ぶ。 ・グループに分かれて，キャリア教育についてのそれぞれがもつイメージを話し合う活動等も有効である。
第2回	キャリア教育の目標の設定	・自校の児童のキャリア発達上の課題や育成する資質・能力を明らかにし，キャリア教育の目標を設定して，目指す児童像を明らかにする。	・児童や地域の実態に即して，学校独自のキャリア教育の目標を検討し，目指す児童像を明確にする。 ・育成する資質・能力と各教科等との関連を考え，年間指導計画を作成する。
第3回	キャリア教育の視点に立った授業づくり	・キャリア教育の視点に立った指導計画を作成する能力を高める。	・年間指導計画を受け，育成する資質・能力との関わりを明確にしながら，教科や総合的な学習の時間や特別活動などの単元指導計画や一時間の指導計画を作成する。
第4回	家庭・地域との効果的な連携	・家庭や地域との連携の重要性を理解する。 ・家庭や地域のキャリア教育に対する理解を促進する。 ・各学校の特性を生かした効果的な連携の進め方について考える。	・講師（企業人やキャリア教育関係者）を招き，教師，保護者，地域の人々を対象に講演を実施する。 ・保護者や地域の人々に協力を依頼できる活動内容や協力を仰ぐ方法と同時に，キャリア教育の趣旨を的確に伝える方法について話し合う。 ・日頃からの保護者との関係づくりが重要であるという認識に立ち，保護者会の効果的な進め方などについても考える。
第5回	キャリア・カウンセリング	・基本的なカウンセリング能力が全教師に必要であることを理解し，その実際を学ぶ。	・教師と児童との直接の言語的なコミュニケーションを図る能力を高める。 ・ビデオ視聴やその逐語録を見ることで，児童の話を聴く際の望ましい態度や応答・在り方について理解を深める。

第3節　全体計画の作成

（1）全体計画の基本的な考え方

　キャリア教育は，一人一人のキャリアが多様な側面をもちながら段階を追って発達していくことを改めて深く認識し，児童がそれぞれの発達の段階に応じ，自己と働くこととを適切に関係付け，各発達の段階における発達課題を達成できるよう取組を展開するところに特質がある。そして，これらのキャリア発達を促進するためには，必要とされる資質・能力を意図的，継続的に育成していく必要がある。

　また，道徳科，総合的な学習の時間，特別活動は，それらが各教科等の学習で学んだ成果等を様々な体験活動や話合い活動等を通して深化・発展，統合させたり，逆に，その成果を教科の学習に還元し反映させたりするというねらいをもっている。このため，そこで展開される職業や進路に関連する学習活動は，キャリア教育を進める上で，直接的かつ中核的な取組として最も重要な役割を担うものであり，その計画等を改善，充実することが求められる。

　このようにキャリア教育を体系的に推進していくために欠かせないものが全体計画である。全体計画とは，学校として，キャリア教育の基本的な在り方を内外に示すものである。全体計画を作成することで，学校の特色や重点，それに基づいた教育課程へのキャリア教育の位置付けを明確にすることができる。また，各教科等における目指す姿や指導の重点を確認，共有することができる。

　全体計画に盛り込むべきものとしては，以下に示すように，①必須の要件として詳細に記すもの，②基本的な内容や方針等を概括的に示すもの，③その他，各学校が自校の全体計画を示す上で必要と考えるもの，の3つがある。

① **必須の要件として詳細に記すもの**
・各学校において定める目標
・育成すべき資質・能力
・教育内容・方法
・各教科等との関連

② **基本的な内容や方針等を概括的に示すもの**
・学習活動
・指導体制
・学習の評価

③ **その他，各学校が全体計画を示す上で必要と考えるもの**
　具体的には，例えば，以下のような事項等が考えられる。
・教育目標
・年度の重点
・地域の実態
・学校の実態
・児童の実態
・保護者の願い
・地域の願い
・教職員の願い
・地域との連携
・中学校との連携
・近隣の小学校との連携

（2）各学校において定めるキャリア教育の目標

　各学校においてキャリア教育を推進するためには，児童のキャリア発達課題及びその達成のために育成すべき資質・能力の理解と，キャリア教育の推進の要ともなるべき校内組織を確立した上で，その計画を立案することが不可欠である。しかし，各学校がキャリア教育を推進するに当たっては，計画の立案に先だって，児童の生活や意識あるいは家庭，地域の実態などから，自校の児童のキャリア発達を促す上で，何が課題か，どのような資質・能力の育成に重点を置くべきかなどを検討し，自校のキャリア教育の目標を設定することが大切である。

　学校が行うキャリア教育が目指すところは，児童が社会生活・職業生活に円滑に移行し，よりよく適応するために必要な資質・能力を育成することにあり，端的には，「児童一人一人の社会的・職業的自立」にある。各学校が，キャリア教育の計画を立案するに当たっては，まず，このような共通的な目標を踏まえつつ，自校の児童のキャリア発達上の課題，育成すべき資質・能力の明確な把握とその焦点化に基づいて，自校のキャリア教育の目標を設定する必要がある。

　自校のキャリア教育の目標を設定する際に，留意するべきことをまとめてみると，次のような点が考えられる。

> ① 日常の生活ぶりや学習の特徴，人間関係形成の様子，集団活動における活動ぶり，勤労生産的な活動に対する意識や意欲などを分析するとともに，児童と保護者へのアンケートを実施するなどして，学年ごとの児童の実態を把握し，育成すべき資質・能力について検討する。
> ② 学校評議員や学校評価委員などの意見を聞いたり，児童の生活している地域の方の話を聞いたりしながら，学校の課題及び学校教育に対する地域の思いや願いを把握する。
> ③ 近隣の小学校（通学する中学校区が明確な地域は学区内の小学校）の実態を調べ，児童の実態に即して育成すべき資質・能力について検討する。
> ④ 近隣の中学校におけるキャリア教育の目標（特に中学1年生の目標）を確認するとともに，キャリア発達の目標を参考にして，小学6年生における到達目標を設定する。
> ⑤ 各学年の児童の実態に基づいて，各学年，または学年団（低学年・中学年・高学年）における目標を設定する。

　これは一例であるが，キャリア発達には学校差や地域差も考えられるので，様々な角度から実態を分析した上で，その学校，その学年（その児童）に応じた目標を設定することが大切である。

　以下，学校の実態に応じたキャリア教育の目標設定の仕方を具体的に述べる。
　（ア）生活環境の違いを考慮した目標設定の工夫

> ● 商店街や交通網の発達している地域では，商店会の理事や商工会議所の方との連携を強め，日常の生活と学校教育で計画している体験を結びつけることが考えられる。それを踏まえて児童の生活能力を向上させる目標を設定する。また，学年に応じて，視野を広げ，異なった環境で生活している学校との交流を図ることも大切である。
> ● 商店街や交通網が未発達の地域では，その地域の自然や農林水産業や鉱工業，伝統芸能などを考え，それらを守り生かすという視点からの目標が考えられる。また，学年に応じて，視野を広げ，異なった環境で生活している学校との交流を図ることも大切である。

（イ）学校規模の違いを考慮した目標設定の工夫

● 大規模の学校では，多種多様の人間関係を形成したり，大きな集団での活動により集団における個の在り方を考えさせたりする場面が数多く考えられる。さらに，競争意識をもたせながら人間としてのたくましさを育む教育も設定しやすい。ただし，人数が多い分，個々の児童に関わる時間が少ないことも考えられるので，教師集団のチームでサポートするとともに，リーダーを中心とするグループ活動や異年齢集団での活動を工夫する必要がある。
● 児童数の少ない学校では，児童の人間関係も固定されがちである。また，競争意識が不足していたり，なれ合いの雰囲気になったりする可能性も高い。そのような小集団に変化と活力を与えるような体験学習や活動を取り入れ，目指す児童像に近づくための目標を設定することも考えられる。また，他の学校との交流の機会を設け，それぞれの学校のよさを生かしながら達成を目指すような目標設定を工夫することも大切である。

（ウ）研究指定等を受けている学校の目標設定の工夫

● 算数科や図画工作科など，教科に関する研究指定を受けている場合，キャリア教育の推進目標に学習目的を明確にするガイダンス等の工夫や「活用型」の学習形態の改善などを加え，学習意欲の向上を中心目標の一つと据えることが考えられる。
● 特別活動の研究指定を受けている場合，全ての教育活動を横断的に考え，6年間を通して発達の段階に応じた教育を設定し，「自己の生き方」をしっかりと考えさせるようにすることが大切である。キャリア教育では，心の教育と体験を結び付ける目標設定を工夫し，人格形成の効果を上げるための方策を設定することが考えられる。

（エ）生徒指導上の課題解決を目指している学校における目標設定の工夫

● 自己肯定感の低い児童は，自己の将来像に希望や可能性を感じていない場合が多い。その児童への働きかけの糸口となる活動を核にして，自己の役割意識や自己肯定感を高め，様々な活動への意欲につないでいきたい。キャリア教育では，自分の得意なことや好きなことに気付かせ，それをよりよい自分の姿の実現に活用させていくことが大切である。
● キャリア教育では，学校が保護者や地域・各種専門機関との連携を深めることも大切にしている。「健やかな児童の育成」「自分のよさを発揮する児童の育成」など，共通の目標に向かって情報交換会を行ったり連携を図ったりすることが，一人一人の児童のキャリア発達支援につながっている。
● 様々な体験活動やその事前・事後の学習での気付きを通して，最終的には学習意欲の向上につながることを目指している。一人一人の児童の状態や課題を明確にして，それを踏まえた上で個別の目標設定や指導計画を要する場合も考えられる。
● 生徒指導状況の改善自体が，キャリア教育の推進と捉えられる状況も想定できる。生徒指導に重点を置きながら少人数指導の推進等に取り組み，学ぶことへの関心を高めていくことができるように目標を設定したい。

（3）身に付けさせたい資質・能力の設定

　基礎的・汎用的能力の育成につながる指導方法や学習方法は限りなく存在し得る。だからこそ資質・能力，身に付けさせたい力の明確化が求められる。意図なく，計画なく「これも社会で重要」「これも将来は大事」と洗い出すだけでは，教師が各教科等の目標を見失うだけでなく，児童にとっても何を目

指しているのか分からない，混乱した授業になってしまう。

　学習指導要領では，それぞれの学校において，必要な教育内容をどのように学び，どのような資質・能力を身に付けられるようにするのか以下の資質・能力の三つの柱を参考に明確にすることとしている。

> （1）知識及び技能が習得されるようにすること。
> （2）思考力，判断力，表現力等を育成すること。
> （3）学びに向かう力，人間性等を涵養すること。

　その具体的な設定について，学習指導要領の改訂に向けた中央教育審議会答申から読み解いてみる。

> 　こうした枠組みを踏まえ，教育課程全体を通じてどのような資質・能力の育成を目指すのかは，各学校の学校教育目標等として具体化されることになる。（中略）特に「学びに向かう力・人間性等」については，各学校が子供の姿や地域の実情を踏まえて，何をどのように重視するかなどの観点から明確化していくことが重要である。

　資質・能力は各学校において具体化される。目の前の児童の現状を見つめ，どのようなことができる児童にしたいのか，どのような力を身に付けた大人になってほしいのか，地域の実情も踏まえて学校で明らかにしていくということである。

　これまでもキャリア教育では，身に付けさせたい力である基礎的・汎用的能力について各校において具体的かつ焦点化して設定することを求めてきた。児童の「強み」と「弱み」を把握し，一定の期間を通じて具体的に「何ができる○年生（卒業生）」にしたいのか基礎的・汎用的能力の視点で目標を設定し，それによってアウトカム評価を実施していくということである。

　学習指導要領には以下のように示されている。

（小学校）第1章総則　第2教育課程の編成　1各学校の教育目標と教育課程の編成

> 　教育課程の編成に当たっては，学校教育全体や各教科等における指導を通して育成を目指す資質・能力を踏まえつつ，各学校の教育目標を明確にするとともに，教育課程の編成についての基本的な方針が家庭や地域とも共有されるよう努めるものとする。

　「社会に開かれた教育課程」の編成は，物理的に学校の扉を開くとか，学校が考えた行事や授業のお手伝いを地域住民が行うという「共同」の段階を終えて，次のステージを求めている。授業づくりや学校行事の運営に当たって，その目標や基本方針を家庭や地域と共有して「協働」する。そのためには教師でなくとも理解できる具体的な目標や資質・能力の設定が必要となる。

　右図は世田谷区立尾山台小学校の例である。「○○できる」という尾山台小学校の学年の重点目標（資質・能力）設定は，主語を変えるだけで「あなたは○○ができるようになりましたか」「あなたのお子さん（学級の児童）（体験を受け入れていただいた児童）は○○ができるようになりましたか」と評価に直結させることをねらっている。目標設定と評価項目にずれがあるため教育活動のPDCA（検証改善）

サイクルが回しにくかったり，評価の負担感が大きかったりしたのではないだろうか。円滑なPDCAサイクルのためにも具体的な能力設定を勧めたい。

　これもまた，キャリア教育でこれまで求めてきたことだが，基礎的・汎用的能力の重点化，焦点化について解説する。基礎的・汎用的能力が「人間関係形成・社会形成能力」「自己理解・自己管理能力」「課題対応能力」「キャリアプランニング能力」の四つの区分になっているからと言って均一・均等な能力設定にする必要は何らない。むしろ，そういった総ナメ的な設定がキャリア教育を混乱させている可能性がある。

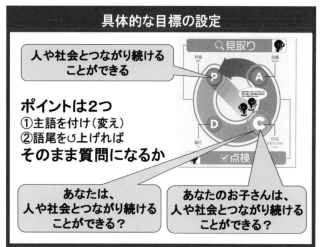

　児童にこのような力が必要ではないかと教師が話し合い，それが社会の求める力と合致しているのか確認する際に基礎的・汎用的能力を活用することは極めて有効である。教師の考え方や方針を意味付けるとともに，現在の取組状況を確認し，社会人・職業人として必要な能力の育成を積み上げていくという仕組みになっている。

　また，身に付けさせたい力の焦点化がなかなかできないとの声を聞くことがある。「どの力もうちの児童には身に付けてほしいものばかり」「例えば，課題対応能力に焦点化することによって人間関係形成・社会形成能力は身に付けさせなくてもよいことになるのか」など。しかし，基礎的・汎用的能力の四つの区分は相互に関わり合っており，はさみで切るように区分けはできない。だからこそ，「キャリアプランニング能力」に焦点化して引き上げようとすれば，密接に関わり合っている他の三つの力も「キャリアプランニング能力」に続いて引き上げられるものではないだろうか。

　キャリア教育が持続的に推進され，日常の指導に溶け込んでいる学校ではこの身に付けさせたい力である基礎的・汎用的能力の具体化・焦点化がうまくいっている。身に付けさせたい力の「焦点化を恐れない」という視点も大事にしたい。

（4）教育内容・方法の明確化

　キャリア教育の全体計画を立案するに当たって，次は，目標を実現するための教育内容と方法を明らかにしなければならない。すなわち，自校の児童に育成すべき資質・能力を，どのような教育内容や方法で育成するかの計画を立てなければならない。

　それは，「身のまわりの仕事や環境への関心・意欲の向上」という発達課題を，「身近な職業人の働く様子を見学したり，手伝ったりした体験をもつ。」ことなどによって達成するわけであるが，そのために，どのような指導内容・方法があるかを考え，具体的な手立てを含めて立案するということである。

　例えば，5，6年生の児童と保護者の学習・体験活動として，午後，児童が家で家事や家業を手伝い，保護者が学校でキャリア教育に関する学習を受ける「半日，親子逆転体験」や，「親子でつづるお手伝い日記」，あるいは家族や身近な大人の1日職場見学・訪問を実施することなどが考えられる。また，「いろいろな職業・産業があることが分かる。」という資質・能力の形成を，3，4年生の社会科の学習として計画したり，「身近で働く人々の様子に興味・関心をもつ。」という資質・能力の形成を，1，2年生

の生活科の体験活動などで計画したりすることも考えられる。

　また，キャリア教育における道徳性の育成に関わる体験は，道徳科との関連を意図し内容を工夫することによって，道徳的価値の大切さを自覚し人間としての在り方や生き方についての思考を深める上で効果的に働く。例えば，基礎的・汎用的能力の「人間関係形成・社会形成能力」の育成は，道徳科の内容項目の視点である「主として人との関わりに関すること」と深く関わる。キャリア教育における活動は，社会の構成員として求められる思いやりの心，勤労，公共の精神などに関わる道徳性の育成に資するものである。そして，それらの内容項目を道徳科で取り扱うことは，キャリア教育の視点からみても児童の内面的価値の形成を図ることにつながる。

　ここでは，キャリア教育で育成することが期待されている基礎的・汎用的能力について主に特別活動，社会科，生活科，道徳科を中心に述べたが，各教科，総合的な学習の時間における学習や活動等なども含め，学校教育活動全体で進めることが大切であることはいうまでもない。

　さて，全体計画の書式については，学校として，この時間の教育活動の基本的な在り方を内外に分かりやすく示すという趣旨から，基本的には1枚の用紙に収まるようにしたい。また，盛り込まれた事項相互の関係が容易に把握できるよう，記述や表現に工夫をほどこすことが肝要である。

第4節　年間指導計画の作成

（1）年間指導計画の基本的な考え方

　学校教育全体で取り組むキャリア教育においては，系統的・組織的に指導するに当たっては，計画に基づき実施する必要がある。前項で述べられているように，キャリア教育の全体計画は，児童のキャリア発達を促進するために，児童に身に付けさせたい力を意図的，継続的に育成していくために，各学校における目標や育成する資質・能力，教育内容・方法，各教科等との関連等を示すものである。それに対して，各学年における年間指導計画は，全体計画を具現化するものであり，その際，各発達の段階における資質・能力の到達目標（身に付けさせたい力）を具体的に設定する。各教科，道徳科，特別活動，総合的な学習の時間の学習指導要領におけるキャリア教育に関する事項を確認し，相互の関連性や系統性を留意の上，有機的に関連付け，発達の段階に応じた創意工夫ある教育活動を展開する必要がある。そして，これらの指導計画は各学校の教育課程に適切に位置付けられるものである。

（2）年間指導計画・単元指導計画の作成

　年間計画に盛り込まれる要素としては，学年・時期・予定時間・単元名・各単元における主な学習活動・評価などが考えられる。児童の学習経験や発達の段階を考慮し，季節や学校行事などの活動時期を生かしたり，各教科等との関連を見通したりして計画する。

（ア）年間指導計画作成の手順

　年間指導計画作成上の手順を以下に示す。

> ① 各校の児童の学年等に応じた資質・能力の目標を決定する。
> ② キャリア教育の全体計画で計画した各資質・能力の目標に基づき，各校の年間行事予定，
> 　学年別の年間指導計画に記載する内容を検討する。

③ 各教科，道徳科，特別活動，総合的な学習の時間，学級の取組を相互に関連付け，有機的に指導計画を作成する。
④ 各資質・能力の到達目標に応じた評価の観点を設定し，明確にする。

（イ）年間指導計画作成の留意点

　年間指導計画を作成する上での留意点としては，各学校，児童の実態ならびに発達の段階に応じて目標や内容を検討する必要がある。各教科，道徳科，総合的な学習の時間，特別活動，学級の取組等の具体的な計画を体系的に作成し，それぞれのねらいや内容を踏まえた上で，関連付ける。また，学習指導要領との関連を考慮した上で，評価の観点についても検討する必要がある。作成した各学校の計画については，教師・保護者・地域が共通理解を図り，連携していくことが大切である。

　年間指導計画作成の留意点を以下に示す。

● 各校の児童の実態や発達の段階に応じた目標設定，計画，内容にする。
● 各教科，道徳科，総合的な学習の時間，特別活動，学級の取組等，それぞれのねらいや内容を踏まえて関連付けを図る。
● 児童のキャリア発達を支援するような具体的な計画を体系的に作成する。
● 各教科，道徳科，総合的な学習の時間，特別活動等の学習指導要領との関連を図る。
● 評価の観点等を考慮し，評価の方法も検討する。
● 家庭・地域，学校間の連携を考慮する。

（ウ）年間指導計画作成の効果

　年間指導計画を作成することで得られる効果としては，次の点があげられる。

● 学年別年間指導計画を作成することで，発達の段階に応じて学年を通じてキャリア発達を支援できる。
● 各発達の段階や学年に応じて求められる資質・能力の到達目標（身に付けさせたい力）が明確になる。
● 年間の学年における活動がどのような資質・能力の形成を図ろうとするものか明確になる。
● 各教科，道徳科，総合的な学習の時間，特別活動，学級の取組がどのように有機的に関連付けられているか明確になる。

（3）年間指導計画作成の留意点

　キャリア教育において体験活動は重要である。今の学びや努力が何につながるのか，体感する絶好の機会と言える。しかし，体験あって学びなし，イベントの乱立にならないように事前・事後指導の充実こそが重要である。

　安全に体験活動に取り組むための集会活動や礼法講座，感想文やお礼状の指導はもちろん大切だが，これは，体験活動の直近，言わば「直前・直後の学習」となる。入学から卒業までの6年間や学年1年間を単位とした教科等の指導及び学習や生活のルールに関する指導を有機的に体験活動につなぐ中・長期的な「事前・事後の学習」を大事にしたい。

"社会科のまち探検から，地域の人々への思いを作詞し，音楽で練習して発表する取組""特別活動の学校行事で実施したジョブシャドウイングから地域住民への感謝を込めたポスターづくりを図画工作で行う取組"こういった，教科横断で児童に身に付けさせたい力に迫る活動は，カリキュラム・マネジメントの視点からも求められている。

学習指導要領総則には，教科横断的な視点に立った資質・能力の育成について以下のように示された。

（小学校）第1章総則　第2教育課程の編成　2教科等横断的な視点に立った資質・能力の育成

> (1) 各学校においては，児童の発達の段階を考慮し，言語能力，情報活用能力（情報モラルを含む。），問題発見・解決能力等の学習の基盤となる資質・能力を育成していくことができるよう，各教科等の特質を生かし，教科等横断的な視点から教育課程の編成を図るものとする。
> (2) 各学校においては，児童や学校，地域の実態及び，児童の発達の段階を考慮し，豊かな人生の実現や災害等を乗り越えて次代の社会を形成することに向けた現代的な諸課題に対応して求められる資質・能力を，教科等横断的な視点で育成していくことができるよう，各学校の特色を生かした教育課程の編成を図るものとする。

中学校での職場体験活動の発表会後，生徒の出身小学校に協力を得て，6年生と恩師の前で，発表をさせてもらう事例がある。ねらいは，小学生に中学校での学習に見通しを立てさせること，中学生には小学校から今日までの学習や成長を振り返らせることにある。このことを整理し直せば，中学2年生の職場体験活動の事前学習は小学6年生で始まっているということになる。このように体験活動を核にして教科横断，学年や校種を縦断して学びをつなぐことができるのである。

社会的・職業的自立に向けて必要な基盤となる資質・能力は，小学校から高等学校まで，発達の段階に応じて，学校の教育活動全体の中で育むものとされてきた。一方で，これまで学校の教育活動全体で行うとされてきたことが，逆に指導場面を曖昧にしてしまい，特に狭義の意味での「進路指導」との混同により，進路に関連する内容が存在しない小学校においては，体系的に行われてこなかったという課題もあった。そのため，何をやってもキャリア教育，何もしなくてもキャリア教育という問題が散見された。

繰り返しとなるが，キャリア教育は学校で明確にした基礎的・汎用的能力の育成に向けて，学校教育全体（教科横断，学年縦断）で取り組むものであるから，明確なゴール設定（全体計画の作成）と具体的な指導及び活動過程の明示（年間指導計画の作成）が不可欠である。

年間指導計画の作成事例は第3章で詳しく触れる。

第5節　学校，家庭，地域の連携・協働

（1）キャリア教育における連携の経緯と基本的な考え方

接続答申以来，文部科学省では，平成17年度に産学官の連携による職場体験活動・インターンシップの推進のためのシステムづくりを目指した「キャリア教育実践プロジェクト」を開始し，中学校を中心に5日間の職場体験活動を推奨した「キャリア・スタート・ウィーク」事業をその中核に据えた。このモデルとなったのが，兵庫県内のすべての中学校で実施されていた5日間程度の社会体験活動「トライやる・ウィーク」である。

この「キャリア・スタート・ウィーク」事業において各都道府県や市町村区のモデル校及び地域では職場体験活動の推進や充実の実現は基より，この活動を支えるために「知事（首長）部局と教育委員会」「商工会議所と校長会」「学校と地域（商店）」などの新たな連携・協働が進んだことも忘れてはならない。兵庫県や京都市にもこの好例を見ることができる。これまでも地域素材を教材に取り入れたり，地域住民と交流したりする活動を文化としてきた小学校においては，キャリア教育の推進により「学校支援地域本部」や「コミュニティ・スクール（学校運営協議会）」などの設置と関与が進み，「地域とともにある学校」づくりに推進力が生まれた。学習指導要領の総則には，「学校運営上の留意事項」について，以下のように示されている。

（小学校）第1章総則　第5学校運営上の留意事項　2家庭や地域社会との連携及び協働と学校間の連携

> ア　学校がその目的を達成するため，学校や地域の実態等に応じ，教育活動の実施に必要な人的又は物的な体制を家庭や地域の人々の協力を得ながら整えるなど，家庭や地域社会との連携及び協働を深めること。また，高齢者や異年齢の子供など，地域における世代を越えた交流の機会を設けること。

学習指導要領の改訂に向けた中央教育審議会答申には社会とのつながりや，各学校の特色づくりに向けた課題を以下のようにしている。

> また，学校教育に「外の風」，すなわち，変化する社会の動きを取り込み，世の中と結び付いた授業等を通じて，子供たちがこれからの人生を前向きに考えていけるようにすることや，発達の段階に応じて積み重ねていく学びの中で，地域や社会と関わり，様々な職業に出会い，社会的・職業的自立に向けた学びを積み重ねていくことが，これからの学びの鍵となる。

本章第2節でも触れたとおり，「社会に開かれた教育課程」の編成は校門を開く段階から，児童に身に付けさせたい力の育成に向けて必要だからこその連携・協働の段階に入っていると言える。

連携授業が教科横断型で持続可能なものになっている学校は，「なぜ連携・協働が必要なのか」を学校内外の関係者が答えられるようになっている。今日の厳しい社会の中でも，活力ある地域の構築に奮闘する人との出会いの重要性を掲げている学校がある。「こんな仕事があるんだな，こんな役割があるんだな，こんなすごい人がいる地域なんだ」「この人がこんなに精力を傾けるだけの価値ある地域なんだ」を児童に実感させたいと，家庭や地域社会との連携・協働を進めている。

　また，仕事・役割・大人・文化との触れ合いが児童の不安解消，学習意欲向上につながると仮説を立てている小学校や，異年齢交流により同年齢での活動では体得できない自己有用感の醸成を目指したり，紙面や画像からでは伝わらないリアルな生きる姿や社会を支える多様な役割を目の当たりにして，児童自らが自己変容を振り返ったりする小学校もある。

　『商工会議所キャリア教育活動白書Vol.4』（日本商工会議所，2019年）では，学校と企業のすれ違いが明らかになっている。よく学校からは「受け入れ先の開拓や連絡が難しい」と聞くが，この白書では，全国の商工会議所のうち外部からキャリア教育活動の依頼があった際の意向について「依頼があれば是非協力したい……3.4％」「依頼があれば可能な限り協力したい……72.4％」となっている。この結果からは，互いに「難しいだろう」「迷惑だろう」と想像するあまり，直接的なコンタクトに至っていないことが予測される。「教育に貢献したい」「学校に関わってみたい」と考える企業や団体，地域住民の思いを知ること，そして学校の思いや悩みを企業や団体，地域住民に知ってもらうことから「社会に開かれた教育課程」の編成は始まる。

　しかし，学校は忙しい。また，学校における時間の流れが企業や団体と異なることも事実である。一般的に児童が学校にいる間に外部と連絡をとったり，調整したりすることは簡単ではない。さらには，メール等ICTの活用などにおいてもその環境差が大きいことは事実である。

　そんな中で，各地の学校には学校と地域住民や外部人材をつなぎたいとその役割を買って出てくださる方がいる。地域によっては，地域教育コーディネーターや学校支援コーディネーターと呼ばれており，経済産業省の支援により一定の講座を受講し，資格をもつキャリア教育コーディネーターも存在する。

　学習指導要領は，こういったコーディネーターと思いを共有し，協働することが，これからの学校教育の業務改善や働き方改革の大きな助けになると示している。

【小学校・中学校・高等学校の連携と家庭・地域との連携】

生涯学習

上級学校・社会

↑ 社会人・職業人としての自立

家庭・保護者の教育力

・家庭や保護者の役割
　○児童の成長・発達を支える重要な場
　○職業生活の実際ややりがいを感じさせる
　○学校と連携しキャリア教育を実践する

連携協力 →

高等学校

中学校

← 連携協力

地域・企業・関係機関の教育力

・地域社会の役割
　○企業からの派遣
　○職業体験等の理解と受け入れ
　○情報交換会等

情報提供 ←

小学校
キャリア教育の意義や計画を家庭・地域に発信する

→ 情報提供

↑

就学前

（2）家庭・保護者との連携

　かつての児童は，保護者の働く姿を否応なしに目にし，そこから多くのことを学んでいた。しかし，

昨今，社会の変化が目まぐるしく，核家族化や価値観の多様化等で，家庭生活も変わってきている。家事の合理化，外部化により，児童が家事などの仕事を果たす経験も少なくなり，親子の会話も少なくなっている。ましてや親の働く姿や祖父母から引き継がれた仕事などに接する機会がなくなってきているのが現状である。

　家庭は，児童の成長・発達を支える重要な場であり，様々な職業生活の実際や仕事には困難もあるが大きなやりがいもあることを，有形無形のうちに感じとらせることが重要である。同時に保護者が学校の取組を理解し，学校と一体となって児童の成長・発達を支えていくことが今後ますます強く求められる。

　家庭教育の在り方，働くことに対する保護者の考え方や態度は，児童の人格形成や心身の発達に大きな影響を及ぼすものである。また，キャリア教育は，生活基盤である地域や周囲の大人，社会や産業等との関わり無しには考えることはできない。児童は，家庭や地域での人間関係や生活体験を通して，社会性を身に付け，生き方の基礎を培っていくのである。

　キャリア教育について保護者の理解を得ることは非常に重要である。授業参観や保護者会，学校便りなどを通して，学校のキャリア教育の方針や指導内容について理解を深めるよう工夫するとともに，キャリア教育の支援者として共に活動する場を提供したいものである。

　また，小学校段階では，遊びや家での手伝い，学校での係活動，清掃活動，勤労生産的な活動や地域での活動等の中で，自分の役割を果たそうとする意欲や態度を育てていくことが重要である。日常的な様々な「役割」遂行の経験を積み重ねながら，内面的な価値形成に深く関わる道徳科との関連を図るなど，「自己の生き方」を考えることができるようにしていくことが望まれる。

　これらの活動をそれぞれの立場で認識し，連携・協働して実施していくことが大切なのである。

【家庭・保護者の役割】

- ● 家庭は，児童の成長・発達を支え，自立を促す最も重要な場である。
- ● 幼少期から生活習慣を定着させたり，児童に家庭での役割をもたせたりして，望ましい職業観・勤労観を育成する。
- ● 学校でのできごとや将来についてなど，児童の話をよく聞き自己肯定感をもたせる。

【家庭に向けて発信できること】

- ・学校便り，進路便り等による啓発
- ・授業公開
- ・家庭教育講演会
- ・学級懇談会，地域懇談会
- ・キャリア教育講座，講演会
- ・保護者会
- ・学校行事公開
- ・進路説明会
- ・三者面談，個人面談

【家庭・地域が学校と連携して協力できること】

- ・しつけ，児童への接し方
- ・働くことを通じての家族の会話
- ・卒業生や地域住民の体験談を聞く会
- ・幼児，高齢者，障害のある人々とのふれあい体験
- ・家庭における役割分担，家事分担
- ・職業人による講演会

（3）地域や働く人との連携

　一方，地域は，本来，児童が同年齢，異年齢の人たちと，自由に遊び，活動できる場のはずである。また，児童が地域の中で，多様な人間関係を体験することができる場でもある。「児童は地域の宝」とも言われ，地域で児童を育てていこうという機運が高まりつつある中で，大人も含め，生涯学習の観点からも，地域でキャリア教育を進めていくことが求められている。しかしながら，児童にとって地域は，学校と家庭とを結ぶ単なる通学路の役割しか果たしていないとの指摘もある。今後は，家庭・地域がそれぞれの役割を認識し，児童の家庭での生活，地域での活動の在り方を考え，キャリア発達を育む連携システムを構築していく必要がある。

【地域・社会の役割】

● 企業から学校へキャリアアドバイザーを派遣し，職業観を伝える。
● 職場体験・インターンシップ等を理解し受け入れる。
● 学校との意見交換や情報交換の場を設定し，緊密な関係をもつ。
● 学校訪問や『出前授業』の企画。

【児童が地域の中でできること】

・街中探索，社会科見学
・ボランティア活動
・自治会や公民館の活動
・職場見学，職場訪問
・保育体験，福祉体験
・お祭り等地域行事への参加　　など

　また，企業・産業界には，本物に触れさせる体験を通して，児童の知的好奇心を醸成し，学習意欲を高め，将来就きたい仕事へのあこがれを強くさせていくことなどが求められる。児童にとって，企業を訪問したり，職場を見学することは，社会を味わうことのできる1つの教室であり，先生であり，教科書である。このような活動から児童は，自分たちの生活と職業との関係を考え，職業に対する基礎的な知識・理解を得ることになる。企業・産業界には，このような場の提供や児童を社会の一員として大人に育てていくことができる教育力が求められている。そのためには，教育における役割や学校の取組を理解する必要があり，児童に，多様な人との関わりを経験させ，コミュニケーション能力を育むと同時に，仕事をしている人と話すことで，仕事に必要な資質や能力などを知る機会をつくるなど，基礎的・汎用的能力を育む上で社会との関わりを大切にする必要がある。

【企業・産業界との連携でできること】

・工場見学(社会科)
・スーパーマーケット調べ（社会科）
・テレビ局・新聞社見学(社会科)
・職場見学，職場体験，インターンシップ
・保育体験，福祉体験
・お店調べ
・仕事調べ

家庭・地域と連携をすることで以下の効果があげられる。

児童にとって

● 自己理解を深め，職業の実像をつかみながら，「なぜ働くのか」「どのような役割を果たしたのか」などを考えることができる。
● 学校の学習と職業との関係について理解を深めることができる。
● 社会で必要な知識や技能を学ぶことができる。
● 社会的なルールやマナーを体得することができる。
● 地域や事業所に対する理解が深まる。

地域にとって

● 地域の人たちの児童理解の促進
● 地域が一体となって生徒を育てようとする機運の醸成
● 地域への理解促進

企業にとって

● 児童に対する見方の変化
● 時代を担う人材育成
● 企業の社会的役割の具現化
● 企業における企業価値の向上
● 地域への貢献
● 職場の活性化
● 社員教育の一環

（4）学校間（校種間）連携

　学習指導要領において「学校段階間の接続」が求められている。社会の変化に対応するために，新しい内容を含んだ授業が，学校個々の個性に応じて創られようとする時代に，児童生徒にとっての時系列を無視することはできない。一人の人間の成長を考えたとき，幼稚園から小学校，小学校から中学校，中学校から高等学校への移行には連続性があり，キャリア教育上の連携は，必要不可欠である。従来から学校間連携の課題として，「生徒個々のもつ情報の移行」や「教え方や接し方のギャップ」等から起こるとされる進学時の不適応など見過ごすことのできない問題を引き起こしている。学校間の連携は，このような課題を解決する意味においても不可欠なものである。

　学校段階それぞれの特徴を理解した上で，児童生徒の将来を共に見据え，教育の中に具体化しようと，互いに連携・協働することが重要である。

　キャリア教育は，教育活動全体を通じて意図的・継続的に推進していくものである。特に小学校は，低学年，中学年，高学年と成長が著しく，社会的・職業的自立に向けて，その基盤を形成する重要な時期である。そのため，児童一人一人の発達に応じて，人，社会，自然，文化と関わる体験活動を，身近なところから徐々に広げ，丁寧に設定していくことが大切である。

　そのためにも，低学年は幼稚園や保育所と，高学年は中学校と，また中学校は小学校と，それぞれ接続と関連を図り，一貫性のある指導を行うことが重要である。福祉体験や交流活動，授業参観などの機会を捉え，キャリア教育についての理解を図ったり，「中学校ってどんなところ？」などのように，高学年向けのガイダンスで中学校への理解を深めたり，学校見学や出前授業を連携して企画するなど，児童や教職員が交流する場を設けることが大切である。

● 異校種の活動について互いに理解を深める。
● 発達の段階に応じた系統性のある指導計画を作成する。
● 個に応じた指導を継続的に行うために児童のキャリア発達状況を伝える。
● 児童について学校間で連絡会をもち，教育計画等について情報交換する。

【異校種間連携の活動例】

① 中学校訪問・幼稚園訪問・学校探検

② 中学生との交流（縦割り活動・合同行事・授業内交流）

③ 幼稚園児との交流

④ 体験授業・クラブ体験

⑤ 教師連携（教師の相互乗り入れ授業）

⑥ 連絡協議会（学習状況・生活状況・人間関係等）

　学校間連携の効果としては，学校間で教育活動についての共通理解を図ることで，12年間（小学校・中学校・高等学校）を見通したキャリア教育ができる。

　児童自身が進学する学校について情報を収集することで不安が解消され，小学校から中学校，中学校から高等学校へと円滑に移行していける。また，異学年・異年齢の児童と交流をもつことで，「人間関係形成能力」の育成につながる。

第6節 評価

（1）評価の基本的な考え方

　キャリア教育においても，各学校の目標及び育成する資質・能力，教育内容・方法等との関係から，児童にどのような力が身に付いたのかを明確にするためにも，適切な評価をすることが必要である。また，キャリア教育の評価は，各学校で適切に観点を定め，これに基づいて児童の学習をよりよく改善するために評価するものであることは確認しておく必要がある。さらには，キャリア教育に関する学習が，教科等の学習の目標をよりよく達成し，主体的に学ぼうとする意欲の向上に結び付き，教科等の学習がキャリア教育に関する学習の関心や意欲につながるという相互関係についても理解しておく必要がある。

　キャリア教育の評価は，児童の学習状況の把握とその改善，教師の学習指導の把握とその改善，各学校の指導計画の把握とその改善という三つを，評価の目的とする。このことから，キャリア教育の評価では，児童の学習状況に関する評価，教師の学習指導に関する評価，各学校の指導計画に関する評価という三つの評価を，その対象とする。

（2）児童の学習状況の評価

　キャリア教育における児童の学習状況の評価は，児童がこの時間の目標について，どの程度達成したのかという状況を把握し，よりよく学習を進め，育成する資質・能力が確実に育まれるように学習を導くために行う。ここでは，児童の学習状況についてある一定の望まれる姿を想定し，それと児童の学習状況とを合わせて考え，この学習で育成する資質・能力が適切に育まれているのかを，児童の学習状況から丁寧に見取ることが適当である。また，観点を設定し，この観点に応じた評価規準を設定する方法もある。その際，キャリア教育の視点から観点や評価規準を設定し，評価していくことにより，教科等の本質としての目標をよりよく豊かに達成していくことが重要になる。

　一般的に，観点とは，各学校で設定した児童に育成する資質・能力の幾つかの要素を簡潔な言葉で示したものである。また，評価規準とは，この観点をより具体的に児童の学習活動において育まれている姿として表したものである。キャリア教育における児童の学習状況の評価では，各学校で育成する資質・能力の明確化を図って目標や内容を定めることから，その目標に従って評価の観点を適切に定め，評価規準を設定することが望まれる。本章第3節で示したように，身に付けさせたい力の具体的設定とはその評価の観点や評価規準を意識したものである。

　キャリア教育における具体的な児童の学習状況の評価の方法では，以下のように，信頼される評価の方法であること，また，多様な評価の方法であること，そして，学習の過程を評価する方法であることが重要である。

　まず，信頼される評価の方法としては，児童の学習状況を評価する教師の適切な判断に基づいた評価が必要であり，おおよそどの教師も同じように判断できる評価が求められる。例えば，あらかじめ指導する教師間において授業の目標に従った観点を確認しておき，これに基づいて児童の学習状況を評価することなどが考えられる。この場合には，単元において定められた評価の観点のすべてを一単位時間の授業において評価するものではなく，単元において定められた観点のうち，一単位時間で育むべき幾つかの観点だけについて焦点化，重点化して評価することが適当である。

　次に，多様な評価の方法としては，児童の発表や話合いの様子，学習や活動の状況などの観察による評価が考えられる。児童のレポート，ワークシート，ノート，作文，絵などの製作物による評価，児童の学習活動の過程や成果などの記録や作品を計画的に集積した「キャリア・パスポート」，評価カードなどによる児童の自己評価や相互評価を参考にすることも考えられる。なお，これらの多様な評価は，適切に組み合わされて評価されることが考えられる。また，この際には，教師間や教師と児童の間で共通に理解され共有されている観点に基づいて評価することが大切である。

　また，キャリア教育では，その児童の内に個人として育まれているよい点や進歩の状況などを積極的に評価する個人内評価や，それを通して児童自身も自分のよい点や進歩の状況などに気付くようにすることも肝要である。

　このようなキャリア教育における児童の学習状況の評価の方法は，児童の内にあるよさや可能性を積極的に捉え，見取り，かつ，それをよりよく育む教師の学習指導に直接的に役立つ評価の方法として常に意識することも重要である。

　児童の学習状況の評価については詳細事例を第3章に示す。

（3）教師の学習指導の評価

　キャリア教育における教師の学習指導の評価は，この授業における教師の学習指導について，児童に育成する力がどのように育まれているのかを児童の姿を通して評価することにより，その学習指導の問題を探り，改善することを目的としている。

　ここでは，まず，教師の学習指導の要諦として，なによりも教師のあたたかい児童理解を基本とすることを確認しておきたい。すなわち，キャリア教育では児童一人一人の興味・関心は個別なものであり，それぞれに独特である。また，体験活動などにより見いだされ，設定される問題もまた個々の児童によって異なるものが多いものである。さらに，活動に要する時間も問題によって違い，そのための教材も固有なものになることが多い。これらの児童の姿は，その児童が有している，その児童なりのよさや可能性を現しているものである。

　したがって，キャリア教育における学習活動では，常に児童の側に立ち，寄り添い，児童の気持ちや考えを尊重し，それを汲み取った学習指導を心掛けることが必要である。

　具体的な教師の学習指導の評価の観点について例示する。

> **基本的な評価の観点(例)**
> 　① 目標の設定について
> 　　・目標の設定は具体的で妥当であったか
> 　② 活動中の評価について
> 　　・児童は積極的に取り組んでいるか，理解はどうか
> 　　・期待した変化や効果の兆しはあるか
> 　③ 児童の変化の評価
> 　　・活動中の児童の態度の変化
> 　　・目標の達成状況(実施過程中，および終了時)
> 　　・特に顕著な児童の資質・能力，課題など

　教師の学習指導の評価では，まず，教師自らが日常の授業の反省的な態度により，日々の授業を振り

返り，授業を捉えなおすことをその基本としたい。その場合，例えば授業の目標が明確であるか，指導の内容が児童の発達の段階に合っているか，学習指導の方法が児童の実態に適切であるか，学習の形態が効果的に組み合わされているか，問題解決や体験的な活動として充実しているか，外部人材や地域・文化の活用が学習指導に効果的かなど，キャリア教育において児童に育成する能力や態度が確実に育まれるように具体的な学習指導の実際を示して，各過程に適切に位置付けて評価することも考えられる。

また，児童のポートフォリオや自己評価・相互評価などを基にして，教師の学習指導の基になっている児童理解や児童の実態把握，学習過程における児童の活動の深まり方や意欲などについて，授業での具体的な教師の学習指導の実践場面を検討することも考えられる。具体的な教師の学習指導の評価の方法としては，例えば，複数の授業評価項目を設定し評価する評価尺度法，教師と児童の発言内容を記述する文章記述法，録音や映像による記録法などの評価の方法を工夫することである。

なお，キャリア教育における教師の学習指導の評価では，先に述べたように，よりよく児童を育もうとするあたたかい児童理解と，それを基にした児童の学習活動を意味付ける深く丁寧な見取りを常に心掛けることは重要である。また，このあたたかい児童理解と丁寧な見取りについては，キャリア教育で学習指導をした教師相互に，あるいは学習指導に協力してくれた地域の人々などとともに語り合うことも，この時間の学習指導の評価では極めて重要である。

（4）各学校の指導計画の評価

各学校においては，キャリア教育の目標の達成を目指した指導計画が，効果的に実現する働きをしているのかを適切に評価し，その改善を図ることが必要である。

キャリア教育における指導計画の評価では，その前提として次のような点が考えられる。

・キャリア教育の目指す目標や育む資質・能力が，具体的で明確であること
・目標が各学校や児童の実態に応じて，実行可能な内容であること
・教師がキャリア教育の意義と実践への計画，方法等を十分理解できていること
・教育活動の実行に際し，児童にどのような変化や効果が期待されるか等が，具体的に示されていること
・評価方法等が適切に示されていること
・教師が，評価の目的，方法等について理解し，適切に評価できる能力を有すること
・キャリア教育の推進体制が確立されていること　など

具体的な評価の方法としては，年間計画の中に評価の時期を適切に位置付け，できるだけ客観的な評価となるように，多面的かつ継続的な評価を実施することが重要である。

例えば，単元実施の終了時に児童の学習状況と指導計画について振り返り，計画と授業の実際との相違点を記録として残したり，単元での児童の自己評価やポートフォリオにおける特徴的なエピソードをまとめたり，更に，児童や保護者，地域の人々にアンケート調査を実施したりするなど，学期末や学年末のみならず，平素から各単元の具体的な改善に生きる評価を心掛けた方法を工夫すべきである。

なお，キャリア教育を進めていくためには，各学校が創意工夫をこらして，実践していくことが大切であるが，その際，自校の取組や校内研修の在り方等について「チェックシート」を作成し点検していくことも大切である。次の表はその「簡易チェックシート（例）」として参考とされたい。

学習指導の評価と指導計画の評価の具体例については第3章に示す。

国立教育政策研究所「子供たちの『見取り』と教育活動の『点検』～キャリア教育を一歩進める評価～」についてはこちらの QR CODE から

https://www.nier.go.jp/shido/centerhp/career_jittaityousa/career-report_pamphlet2.htm

【学校におけるキャリア教育推進チェックシート（例）】

観点	評価項目	チェック
教育活動	自校のキャリア教育の目標の具現化を図る全体計画が作成されている	
	キャリア教育を教育活動全体で行っている	
	学年ごとに育成する資質・能力が明確化された年間指導計画が作成されている	
	児童の問題解決的な活動や体験的な学習の時間が十分に確保されている	
	課題が見いだせない児童に対して，教師が課題の例を示したり，複数の課題の中から選択させたりする等の適切な支援を行っている	
	課題の追究方法を児童が理解できるように見通しや振り返りの場面や交流の場面を設けている	
	学習のまとめの段階で，学習の成果を発信できるまとめ方や発信の方法を工夫させている	
	評価計画をつくり，各段階で効果的に評価し，指導等の改善を行っている	
教育条件整備	保護者や地域の協力機関とのネットワークづくりができている	
	教職員全体が自校のキャリア教育のねらいや内容について共通理解している	
	教師の学習のねらいや児童の実態等，視点を明確にして，社会人講師や地域の人材との事前の打ち合わせを行っている	
	キャリア教育を推進する上で必要な施設・設備や予算措置は十分である	
	校内にキャリア教育推進委員会等を設置し，定期的に話合いが行われている	
	キャリア教育に関する校内研修を計画し，実施している	
	キャリア教育の実践の計画・実施・評価に関して，校内や学年内で積極的な話合いが行われている	
	評価結果に基づき，指導等の改善を図っている	

このような連携・協働も……

　島根県教育委員会では「キャリア・パスポート」でも家庭・地域と連携・協働を進めている。令和３年に「キャリア・パスポート」の取り扱いについて保護者，地域住民に周知した資料には，コメントの書き方まで丁寧に解説されている。

第3章

小学校における
キャリア教育

第1節　小学校におけるキャリア発達

（1）各学年団におけるキャリア発達の捉え方

　次の表は，平成18年11月に文部科学省から出された「小学校・中学校・高等学校　キャリア教育推進の手引　―児童生徒一人一人の勤労観，職業観を育てるために―」，及び，平成21年3月に国立教育政策研究所から出された「自分に気付き，未来を築くキャリア教育　―小学校におけるキャリア教育推進のために―」を基に，それらの文言を整え，再整理して，小学校段階におけるキャリア発達の特徴と育成することが期待される能力の例をまとめたものである。

【基礎的・汎用的能力の表】

	低学年	中学年	高学年
キャリア発達の主たる課題	学校生活への適応	友達づくり，集団の結束力づくり	集団の中での役割の自覚，中学校生活に向けた心の準備
キャリア発達に即した主たるねらいの例	自分の好きなこと，得意なこと，できることを増やし，様々な活動への興味・関心を高めながら意欲と自信をもって活動できるようにする。	友達のよさを認め，協力して活動する中で，自分のもち味や役割を自覚することができるようにする。	苦手なことや初めて経験することに失敗を恐れず取り組み，そのことが集団の中で役立つ喜びや自分への自信につながるようにする。
人間関係形成・社会形成能力の例	・あいさつや返事をする。 ・友達と仲よく遊び，助け合う。 ・家の手伝いや割り当てられた仕事・役割の必要性が分かる。	・自分と友達のよいところを認め，励まし合う。 ・互いの役割や役割分担の必要性が分かる。	・異年齢集団の活動に進んで参画し，役割と責任を果たす。 ・社会生活にはいろいろな役割があることやその大切さが分かる。
自己理解・自己管理能力の例	・自分の好きなもの，大切なものをもつ。 ・決められた時間や，生活のきまりを守る。 ・自分のことは自分で行う。	・自分のよいところを見付ける。 ・自分のやりたいこと，よいと思うことなどを考え，進んで取り組む。 ・自分の仕事に対して責任を感じ，最後までやり通そうとする。	・自分の長所や短所に気付き，自分らしさを発揮する。 ・自分の仕事に対して責任をもつ。
課題対応能力の例	・作業の準備や片付けをする。	・計画づくりの必要性に気付き，作業の手順が分かる。 ・学校生活をよりよくするために話し合う。	・自分に必要な情報を探す。 ・見付けた課題を自分の力で解決しようとする。 ・学級活動をよりよいものにするために解決方法を話し合う。
キャリアプランニング能力の例	・係や当番の活動に取り組み，それらの大切さが分かる。 ・身近で働く人々の様子が分かり，興味・関心をもつ。	・係活動や当番活動に積極的に関わり，働くことの楽しさが分かる。 ・いろいろな職業や生き方があることが分かる。 ・日常の生活や学習と将来の生き方との関係に気付く。 ・将来の夢や希望をもつ。	・施設・職場見学等を通し，働くことの大切さや苦労が分かる。 ・身近な産業・職業の様子やその変化が分かる。 ・学んだり体験したことと，生活や職業との関連を考える。

無論，キャリア教育では，学校や教師の裁量に基づく多様な創意工夫を前提とした，目の前の児童の現状を踏まえた具体的な目標の設定や指導が特に重要であり，特定の目標や方法に画一化されるべきではない。各学校においては，前ページの表を参考にしつつ，それぞれの課題を踏まえて育成すべき具体の能力を設定し，工夫された教育を通じて達成することが望まれる。

　また，学習指導要領においては，小学校，中学校，高等学校を通してキャリア教育に計画的，系統的に取り組んでいくことを明確にするため，学級活動「(3)一人一人のキャリア形成と自己実現」が設けられている。学級活動(3)の指導において，学校での教育活動全体や，家庭，地域での生活や様々な活動を含め，学習や生活の見通しを立て，学んだことを振り返りながら，新たな学習や生活への意欲につなげたり，将来の生き方を考えたりする活動を行う上でも，低学年・中学年・高学年それぞれの発達の段階に即した指導が求められる。その際には，例えば，次のような発達の段階に即した指導のめやすの例を参考に，児童の実態を踏まえた適切な指導を行うことが大切である。

発達の段階に即した学級活動「(3)一人一人のキャリア形成と自己実現」の指導のめやすの例

〈低学年の指導〉
● この一年でどのようになりたいかを考え，目指す姿について話し合い，出された意見を参考に自分の目標を決め，希望や目標をもって生活できるようにすることを重視して指導する。できたという実感を味わい，自信につながる活動にする。
● 学級生活の中で，自分がやってみたい仕事を見付け，一定期間，継続して行ったり，当番の仕事の仕方を覚えたり，友達と一緒に仕事に取り組んだりできるように指導する。
● 学ぶことのよさや大切さについて考え，進んで学習に取り組めるように指導する。
● 幼児期の教育との連携を一層重視するとともに，家庭との連携を密にしながら，意図的，計画的に活動を工夫し，生活の中で繰り返し指導していく。

〈中学年の指導〉
● 教師の思いや保護者の願いを知り，自分が目指す姿について話し合い，具体的な解決方法や目標を設定し，目標に向かって取り組めるようにすることを重視して指導する。振り返りによって自分自身の成長を感じ，更に取り組んでみようとする態度を育てられるような活動にする。
● 日直や当番活動，係活動など，自分の役割を果たすことの意味や大切さについて考え，友達と協力して最後までやり遂げられるように指導する。
● 今の学びが将来につながることを知り，学ぶことの意味，学習の見通しや振り返りの大切さ，学校図書館等の効果的な活用の仕方について考え，主体的に学習に取り組めるように指導する。

〈高学年の指導〉
● 自分や周りの人の学校生活への希望や願いを基に，話合いを通して目標を立て，意思決定したことについて粘り強く取り組めるようにする。努力をしてやり遂げた達成感が味わえるような活動にすることを重視して指導する。
● 当番や委員会など，自分や周りの人のために働くことの大切さについて話し合い，自分の役割や責任，自他のよさを考え，友達と高め合って取り組めるように指導する。
● 自分の将来を描き，その実現のために学習することの意義や，学習の見通しや振り返りの大切さ，適切な情報の収集や活用の仕方について考え，主体的に学習に取り組めるように指導する。

出典：文部科学省(2017)『小学校学習指導要領(平成29年告示)解説　特別活動編』

第3章

小学校におけるキャリア教育

（2）各学校におけるキャリア発達の課題の具体的な捉え方

　キャリア教育は，一人一人のキャリアが多様な側面をもちながら段階を追って発達していくことを深く認識しつつ取組を展開するところに特質がある。また，キャリアは，発達の段階やその発達課題の達成と深く関わりながら，段階を追って発達していくものである。よって，一人一人のキャリア発達を促進させるためには，まず，各学校において目の前の児童の現状を踏まえ，必要とされる能力を意図的に育成していくことが求められる。その上で，各学年団の前後の関係を理解することや，中学校の時期におけるキャリア発達との関連を捉えることなど，時系列的な関連性を理解し，継続的・系統的な指導を行うことができるようにすることが大切である。

　各学校において，キャリア発達の課題を明確にし，キャリア教育を通して身に付けさせたい能力を設定するためには，児童の現状を把握する必要がある。その際には，現状を数値化して把握する「定量的な把握」と，数量的な計測結果には現れにくい質的な側面について把握する「定性的な把握」の双方が不可欠である。

〈定量的な把握〉
　2件法・3件法・多肢選択法・評定法などの手法を用いたアンケートによる定量的な把握は，個々の児童の状態だけでなく全体的な傾向を把握するのに適している。例えば，児童自身が自己の将来についてどのように考え，現在どのような力を身に付けていると考えているのか，まだ経験していなかったとしてもどのようなことだったら「できそうだ」と思えるのかなどを把握することができる。

〈定性的な把握〉
　面談，日常的な対話や観察，アンケートの自由記述欄の読み取りなどを通して，定量的な把握によって得られた数値データの背景を解釈したり，数値には現れない変容を把握したりすることができる。例えば，社会的な体験などを通して視野が広がると，自分ができることや「できそうだ」と思えることなど，自己肯定感・自己効力感などに関する数値データが一時的に後退することがある。このような場合には，定性的な把握を適切に行い，そのような数値上の変化の背景を読み解くことが重要である。数値データの停滞や後退が，必ずしも児童の成長や発達自体の停滞や後退を意味するとは限らない。

　なお定量的な把握を行う際には，それに先だって，これまでそれぞれの学校で実施されてきた各種のアンケートや意識調査などの項目を再度点検することが重要である。例えば，年度ごとに実施している保護者アンケートや学校評価（自己評価・学校関係者評価）などに，キャリア教育や児童の社会的・職業的自立に関わる項目が含まれている場合には，新たなアンケート調査を実施する前に，それらの分析結果を数年分遡って再分析することも考えられる。

　また，国立教育政策研究所が実施している「全国学力・学習状況調査」の児童質問紙を見ると，例えば平成31年度の場合，「自分には，よいところがあると思う」「将来の夢や目標をもっている」「ものごとを最後までやり遂げて，うれしかったことがある」「難しいことでも，失敗を恐れないで挑戦している」「学級みんなで話し合って決めたことなどに協力して取り組み，うれしかったことがある」「学校のきまりを守っている」「人が困っているときは，進んで助けている」「人の役に立つ人間になりたいと思う」「家で自分で計画を立てて勉強をしていますか」「地域や社会をよくするために何をすべきかを考えることがある」「国語（算数）の授業で学習したことは，将来，社会に出たときに役に立つ」など，基礎的・汎用的能力に深く関わる質問項目を見いだすことができる。これらの質問項目によって得られた結果を，

全国や県の平均と比較することによって，自校の児童の現状（強みや弱み）を把握することに役立てることが可能である。

第2節　教育課程との関わりにおけるキャリア教育

（1）児童の現状を踏まえた具体の能力の設定の取組

　キャリア教育の実践に当たっては，一人一人の児童が，学ぶことと自己の将来とのつながりを見通しながら，社会的・職業的自立に向けて必要な基盤となる資質・能力を身に付けていくことができるようにすることが求められる。その際，身に付けさせたい資質・能力の中核となるのは，「人間関係形成・社会形成能力」「自己理解・自己管理能力」「課題対応能力」「キャリアプランニング能力」の四つの能力によって構成される基礎的・汎用的能力である。

　本書第1章第5節において解説されているとおり，これら四つの能力は，相互に関連・依存した関係にあり，これらの能力をすべての者が同じ程度あるいは均一に身に付けることを前提に構想されたものではない。これらの能力をどのようなまとまりで，どの程度身に付けさせるかは，学校や地域の特色や児童の発達の段階によって異なると考えられ，各学校においては，この四つの能力を参考にしつつ，それぞれの課題を踏まえて具体の能力を設定し，工夫された教育を通じて達成することが望まれる。

　それゆえ，前節で整理したとおり，各学校においては「定量的な把握」と「定性的な把握」の双方を通して自校の児童たちの現状を捉え，それを基盤としつつ，それぞれの学校教育目標や教師や保護者の願いを視野に収めながら，「目の前のこの子たち」にふさわしい具体の能力，すなわち，キャリア教育を通して身に付けさせたい力を設定する必要がある。

　その際特に重要となるのは，各学校において身に付けさせたい力が，卒業時の到達目標として「○○することができる」「○○する」など，実際の行動として現れるという観点に立って表現されていることである。このような目標設定がなされることにより，卒業までに児童が身に付ける能力の全体像を描くことが可能となり，また，「できるようになったかどうか」というアウトカム評価をすることも可能となる。従来，キャリア教育の目標を設定する際には，「望ましい職業観・勤労観を育成する」「たくましく生きる力を高める」など，多様な解釈の余地を残す抽象度の高い表現が用いられることも少なくなかった。そのため，キャリア教育の取組を通して目標がどれほど達成できたかという検証も自ずと困難とならざるを得ず，検証を通して明らかになった課題等をフィードバックし，新たな取組に反映させる検証改善サイクル（PDCAサイクル）を確立することも難しかったと言えよう。

キャリア教育は，各学校段階で取り組むべき発達課題を明らかにし，日々の教育活動全体を通して達成させることを目指すものである。各学校がこの視点に立って教育の在り方を幅広く見直すことにより，教職員にそれぞれの学校の教育の理念と進むべき方向が共有されるとともに，教育課程の改善が促進される。そして，その基盤となるのが，先述した目の前の児童の現状を踏まえた具体の能力の設定である。

以下，児童の現状を把握し，それを踏まえてキャリア教育の目標を設定しながら実践に取り組んでいる事例を見てみよう。

豆知識

PDCAサイクル

PDCAを初めて提唱したのは，アメリカの統計学者であり，企業経営コンサルタントとしても知られるデミング(William E. Deming, 1900-1993)であると言われています。彼は経営の基本として「Plan-Do-Check-Act」の4要素を示し，アメリカを中心に広く受け入れられました。

日本ではPDCAの「A」を「Action」と記すことも多く見られます。

【事例1】 福島県東白川郡棚倉町立棚倉小学校

【校区について】
福島県中通りの南部に位置し，学制発布の年1872年(明治5年)に創立した伝統校。全校児童数は404名，学級数は通常学級16，特別支援学級2，通級指導学級1である。キャリア教育の推進は，棚倉町の教育施策の柱であり，幼・小・中の連携を図った取組が行われている。

（1）「目の前のこの子たち」を多面的・多角的に理解する

キャリア教育の目標を設定するために，「目の前のこの子たち」を理解することを大切にしている。各種アンケートから，基礎的・汎用的能力に関する質問項目を見いだし，児童のよさと課題を把握する。特に，児童のよさは，課題を解決するためのリソースとなるものなので，丁寧に把握している。例えば，アンケート項目から，児童のよさとして，「将来の夢や目標をもっている」こと，課題として，「計画的に学習する」ことを把握したとする。この場合，「計画的に学習する」力を育てるために，よさである「将来の夢や目標をもっていること」を生かした実践を取り入れることが効果的であることが見えてくる。あわせて，日常の対話やスケジュールプランナー(毎日の予定や家庭学習の計画，一日の振り返り等を記入するシート)，「キャリア・パスポート」等から，児童のがんばりや困り感を見取り，どのような力を身に付けさせたいかを見いだしていく。

（2）学年ごとに育てたい力を設定する

（1）で述べた現状の把握，児童理解と併せて自校のキャリア教育の年間指導計画を基に，育てたい力を設定していく。本校では，一年間を四つに分けて，育てたい力を学年ごとに教師が設定している。一年間を四つに分けて四半期ごとに育てたい力を重点化して設定すると，年間を通して四つの能力を意識して育てていくことになる。ここで大切なことは，児童が自己や学級の成長に必要な力だと捉えている力を設定することである。児童理解が重要である理由はここにもある。また，四半期の期間だけで，設定した力が十分に身に付くということではなく，年間を通して意図的・計画的に重点化して育てるこ

とが，効果的であると考えている。さらに，設定した力は，全教職員で共有するとともに，その力が高まった児童の姿を見取り，認め称賛していく。そうすることで，重点化した力を価値付け，強化していくことを目指している。

【第5学年が設定した力】

時　期	4～6月	7～9月	10～12月	1～3月
重点化する 基礎的・汎用的能力	自己理解・ 自己管理能力	人間関係形成・ 社会形成能力	課題対応能力	キャリア プランニング能力
具体の能力	他者との関わりを通して，自己を見つめ，個性の伸長を図ることができるようにする。	自分の考えや気持ちを他者に分かりやすく伝えることができるようにする。	分からないことやもっと知りたいことは，自分で調べたり他者に聞いたりして解決することができるようにする。	人の役に立つために，何事にも進んで取り組むことができるようにする。
学年テーマ	みんなちがって みんないい	自分からキャッチボールはじめてみない！	新たな道（未知）を 切り拓こう!!	今ある力を 誰かのために 次の自分のために

　上の表は，第5学年が四半期ごとに重点化して設定した力をまとめたものである。教師が設定した育てたい具体の能力を児童に分かりやすい言葉にしたものが，「学年テーマ」である。この実践を令和元年度からスタートさせて2年が経過した頃，「学年テーマ」を児童とともに創り上げる姿が見られるようになった。

【四半期ごとに設定した力の高まりの可視化】

（3）設定した力を基にして児童が目標を立てる

　（2）で設定した力を基に，児童がなりたい自分をイメージして目標を立てている。各教科等，学校行事，日常生活等，全ての教育活動において，その目標の達成に向けて，自力または協働で努力する過程で，全ての教職員で力の高まりを見取り称賛している。見取った姿は，キャリア教育の要である特別活動の学級活動(3)において振り返り，達成感や自己有用感を味わうことができるよう工夫し，新たな目標をもつことにつなげている。

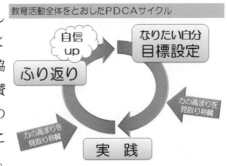

　PDCAサイクルが軌道に乗り始めてから，児童の自己マネジメント力が向上しつつあり，授業や家庭学習においてもPDCAサイクルを意識して，計画を立てて取り組めるようになってきた。全ての教育活動において，目標を達成するためにPDCAサイクルを意識して取り組むことが，自ら学ぶ力を高

めることにつながっている。

　下のシートは，毎日の予定や家庭学習の計画，一日の振り返りを記入するスケジュールプランナーと呼ばれているものである。高学年児童は，このシートを使って，ＰＤＣＡサイクルを意識しながら，家庭学習に取り組んでいる。

【スケジュールプランナー】

（2）カリキュラム・マネジメントの視点によるキャリア教育

　小学校学習指導要領は，総則において，「児童や学校，地域の実態を適切に把握し，教育の目的や目標の実現に必要な教育の内容等を教科等横断的な視点で組み立てていくこと，教育課程の実施状況を評価してその改善を図っていくこと，教育課程の実施に必要な人的又は物的な体制を確保するとともにその改善を図っていくことなどを通して，教育課程に基づき組織的かつ計画的に各学校の教育活動の質の向上を図っていくこと(以下「カリキュラム・マネジメント」という。)に努める」と定めている。

　カリキュラム・マネジメントの視点によるキャリア教育の在り方については，本書第2章に詳述されているが，ここでは，小学校の児童の発達段階や小学校教育において留意すべき点などをより強く意識しながら，そのポイントを整理していく。

① 何ができるようになるか　―具体の能力設定のポイント―

　本節(１)で解説したとおり，各学校においては「定量的な把握」と「定性的な把握」の双方を通して自校の児童の現状を捉え，それを踏まえつつ，「目の前のこの子たち」にふさわしい具体の能力，すなわち，キャリア教育を通して身に付けさせたい力を設定する必要がある。それによって，「できるようになったかどうか」というアウトカム評価をすることも可能となり，キャリア教育の検証改善サイクル(PDCAサイクル)も確立される。

　ここで，キャリア教育を通して身に付けさせたい力の設定は，それぞれの学校において，少なくとも以下の３つの役割を担うことに気付く必要があるだろう。

〈児童にとって〉
　各学校が設定したキャリア教育を通して身に付けさせたい力は，児童にとって，キャリア教育のめあてであり目標である。一人一人の児童が，卒業まで(あるいは，学年末まで)の見通しをもち，「なりたい自分」を明確にし，その実現に向かって努力することができるよう，身に付けさせたい力の設定に当たっては児童と共有できる内容と表現で示される必要がある。

とりわけ，低学年の身に付けさせたい力の設定に当たっては，思い切って焦点化して，その数を少なく抑え，入学直後の児童にも容易に理解できるものとすることが大切である。

〈教職員にとって〉

　キャリア教育を通して身に付けさせたい力は，「○○することができる」などの表現で示され，それはそのまま，「できるようになったかどうか」というアウトカム評価をする上での観点（規準）の基盤となる。また，このような具体的な目標を設定し，それらを心にとめておくことによって，児童がその目標を達成したときに，それまでの努力や成果自体を適切に捉え，チャンスを逃すことなく褒めることができるようになる。具体の能力の設定は，児童の成長を認め，更なる伸展を促すための，いわば「褒めポイント」の設定にもなると言えよう。

〈保護者や地域の方々にとって〉

　このような具体的な目標は，保護者や地域の方々と共有することによって，家庭や地域での児童の望ましい行動の価値を積極的に認めるための「褒めポイント」ともなる。特に，思春期を迎え保護者との関係が不安定になりやすい高学年においては，保護者が児童を褒める機会を見いだしにくくなりがちである。そのような場合において，学校と共有する具体的な「褒めポイント」は，保護者と児童との関係性の改善にも寄与し得るだろう。また，キャリア教育を通して身に付けさせたい力の共有は，家庭や地域社会と協力して教育活動の更なる充実を図っていくことを目指す「社会に開かれた教育課程」の実現にも貢献するものである。

② 何を学ぶか ―教育活動全体を通した指導の在り方と「要」としての学級活動―

　キャリア教育は，小学校・中学校・高等学校等の学校種を問わず，それぞれの学校で行っている教科・科目等の教育活動全体を通して取り組むものであり，単に特定の活動のみを実施すればよいとする理解や，新たな活動を単に追加すればよいとする理解は誤りである。小学校においても，各教科，道徳科，外国語活動，総合的な学習の時間，特別活動のそれぞれの特質に応じつつ，全ての教育活動を通した実践が不可欠である。

　その際，「各教科等の単元や題材等の中に存在しながら，キャリア教育としての価値が十分認識されず，相互の関連性や系統性も確保されてこなかった教育活動」，すなわち，キャリア教育の「断片」を意識化して取り組むことが重要となる。まずは，キャリア教育の断片を洗い出してみよう。

出典：国立教育政策研究所（2012）「キャリア教育をデザインする―今ある教育活動を生かしたキャリア教育―」

　また，各教科等を通したキャリア教育の実践に当たっては，本書第1章第6節においても指摘されているとおり，主体的・対話的で深い学びの実現に向けた授業改善とキャリア教育との密接な関連を意識する必要がある。とりわけ，学習指導要領改訂に向けた中央教育審議会答申が，「主体的な学び」の視点にたった授業改善について次のように指摘している点は重要である。

　学ぶことに興味や関心を持ち，自己のキャリア形成の方向性と関連付けながら，見通しを持って粘り強く取り組み，自己の学習活動を振り返って次につなげる「主体的な学び」が実現できているか。

　一人一人の児童が主体的な学びを実現するためには，それぞれが「自己のキャリア形成の方向性と関連付けながら，見通しを持って粘り強く取り組むこと」が前提となっている。

　また，「深い学び」の実現のためには，習得・活用・探究という学びの過程の中で，各教科等の特質に応じた「見方・考え方」を働かせることが不可欠であるが，この「見方・考え方」について同答申は次のように述べている。

> 　「見方・考え方」には教科等ごとの特質があり，各教科等を学ぶ本質的な意義の中核をなすものとして，教科等の教育と社会をつなぐものである。子供たちが学習や人生において「見方・考え方」を自在に働かせられるようにすることにこそ，教師の専門性が発揮されることが求められる。

　さらに，同答申は，上の引用部分に示された「教科等を学ぶ本質的な意義」について，次のように指摘していることも見落とされるべきではないだろう。

> 　子供たちに必要な資質・能力を育んでいくためには，各教科等での学びが，一人一人のキャリア形成やよりよい社会づくりにどのようにつながっているのかを見据えながら，各教科等をなぜ学ぶのか，それを通じてどういった力が身に付くのかという，教科等を学ぶ本質的な意義を明確にすることが必要になる。

　このように，各教科等において主体的・対話的で深い学びの実現に向けた授業改善を行う上では，キャリア教育との関連を図ることが特に重要である。

　以上の整理が示すとおり，教育活動全体を通したキャリア教育の重要性は自明である一方，これまで，その意図が十分に理解されなかったことによって指導場面が曖昧にされてしまい，また，狭義の「進路指導」との混同により，特に特別活動において進路に関連する内容が存在しない小学校においては,キャリア教育が体系的に行われてこなかったという課題が指摘されてきた。さらに，将来の夢を描くことばかりに力点が置かれ，「働くこと」の現実や必要な資質・能力の育成につなげていく指導が軽視されていたりするのではないか，といった指摘もある。

　こうした指摘等を踏まえ，学習指導要領（平成29年告示）では，特別活動の学級活動が学校教育全体を通して行うキャリア教育の「要」となることが示された。要としての役割を担うこととは，キャリア教育が学校教育全体を通して行うものであるという前提の基，これからの学びや自己の生き方を見通し，これまでの活動を振り返るなど，教育活動全体の取組を自己の将来や社会づくりにつなげていくための役割を果たすということである。

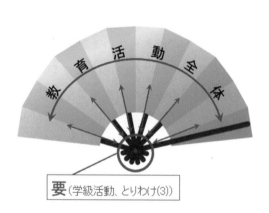

要（学級活動、とりわけ(3)）

　その際，キャリア教育の視点からの小・中・高等学校のつながりが明確になるように，小学校の学級活動にも「(3)一人一人のキャリア形成と自己実現」が新設されたことは注目に値する。この学級活動(3)における「ア　現在や将来に希望や目標をもって生きる意欲や態度の形成」「イ　社会参画意識の醸成や働くことの意義の理解」「ウ　主体的な学習態度の形成と学校図書館等の活用」は，小学校におけるキャリア教

育の要としての役割を中核的に担う活動と言えよう。

学級活動(3)においては，学校での教育活動全体や，家庭，地域での生活や様々な活動を含め，学習や生活の見通しを立て，学んだことを振り返りながら，新たな学習や生活への意欲につなげたり，将来の生き方を考えたりする活動を行うことが必須となる。

こうした活動を行うに当たっては，教師の適切な指導の下，各教科等の学びと特別活動における学びとを往還しつつ，振り返って気付いたことや考えたことなどを児童が記述して蓄積する「キャリア・パスポート」を活用することが重要である。「キャリア・パスポート」によって，小学校，中学校，高等学校の各段階における学習や生活を振り返って蓄積していくことにより，発達の段階に応じた系統的なキャリア教育の一層の充実が期待されている。また，「キャリア・パスポート」を通して，学習や生活の見通しをもち，振り返ることを積み重ねることにより，児童は，年間を通して，あるいは入学してから現在に至るまで，どのように成長してきたかを把握することができる。特に，気付いたことや考えたことを書き留めるだけでなく，それを基に，教師との対話をしたり，児童同士の話合いを行ったりすることを通して，自分自身のよさ，興味・関心など，多面的・多角的に自己理解を深めることになる。さらに「キャリア・パスポート」は，教師にとって，一人一人の児童の様々な面に気付き，児童理解を深めていくための重要な資料ともなる。

③ どのように学ぶか ―指導計画の作成と指導の充実―

教育活動全体を通して取り組むキャリア教育は，学校の特色や教育目標，児童の実態などを踏まえつつ教育課程に明確に位置付けられ，キャリア教育の全体計画及び年間指導計画として明示される必要がある。その際，小学校においては，「進路の探索・選択に係る基盤形成の時期」としての特性を踏まえてこれらの計画を作成することが重要である。

小学校の時期は，身近な人から集団へと人との関わりを広げながら，皆のために働くことの意義を理解し，自分の役割を主体的に果たそうとする態度を育成する時期である。また，日常の生活や学習に高い目標を立て，希望と目標をもち努力して達成しようとしたり，自分の特徴に気付き，よいところを伸ばそうとしたりする時期でもある。これを踏まえ，小学校においては，学級・学校生活及び社会生活の中での自らの役割，働くことや学ぶことの意義の理解，興味・関心の幅の拡大，自己及び他者への積極的関心の形成等，社会性，自主性・自律性，関心・意欲等を養うことが特に求められる。

この実現のためにも，各教科等の特質を生かした取組を計画し，実践する必要がある。グローバル化する国際社会に主体的に生きる平和で民主的な国家及び社会の形成者に必要な公民としての資質・能力の基礎の育成を目指す「社会科」，身近な生活に関わる見方・考え方を生かし，自立し生活を豊かにしていくための資質・能力の育成を目指す「生活科」，衣食住などに関する実践的・体験的な活動を通して，生活をよりよくしようと工夫する資質・能力の育成を目指す「家庭科」，自己を見つめ，物事を多面的・多角的に考え，自己の生き方についての考えを深める学習を通してよりよく生きるための基盤となる道徳性を養う「道徳科」，よりよく課題を解決し，自己の生き方を考えていくための資質・能力の育成を目指す「総合的な学習の時間」，集団や社会における生活及び人間関係をよりよく形成するとともに，自己の生き方についての考えを深め，自己実現を図ろうとする態度を養う「特別活動」はもちろんのこと，日常生活における人との関わりの中で伝え合う力を高めることを目指す「国語科」，日常の事象を数理的に捉え見通しをもち筋道を立てて考察する力や，学んだことを生活や学習に活用しようとする態

度などを養う「算数科」，自然を愛する心情や主体的に問題解決しようとする態度を養う「理科」，生活や社会の中の音や音楽と豊かに関わる資質・能力の育成を目指す「音楽科」，生活や社会の中の形や色などと豊かに関わる資質・能力の育成を目指す「図画工作科」，生涯にわたって心身の健康を保持増進し豊かなスポーツライフを実現するための資質・能力の育成を目指す「体育科」などの特質を生かしつつ，教育活動全体を通したキャリア教育の指導計画の作成が不可欠となろう。

その際，例えば，児童会活動や当番活動等の学校内での活動や，地域の探検や家族・身近な人の仕事調べ，商店街での職場見学等地域社会と関わる活動など，これまでも多くの小学校でキャリア教育の一環として取り組まれてきた体験的な学習活動を今後も継続させていくと同時に，「目の前のこの子たち」の現状を踏まえて設定した身に付けさせたい力の育成にふさわしいキャリア教育の「断片」を，各教科等の単元や題材などから洗い出し，年間指導計画に位置付けていくことが大切である。

　無論，効果的な教育活動を進めていくためには，キャリア教育の一環として意図をもって洗い出された「断片」をつなぎ合わせ，体系的・系統的に指導していくことが重要である。学習や生活の見通しを立て，学んだことを振り返りながら，新たな学習や生活への意欲につなげたり，将来の生き方を考えたりする活動を行う「学級活動(3)」，とりわけ，「キャリア・パスポート」を活用した児童同士の話合いなどを通して，多面的・多角的に自己理解を深める機会を適切に設け，それらを年間指導計画に位置付けることを忘れてはならないだろう。

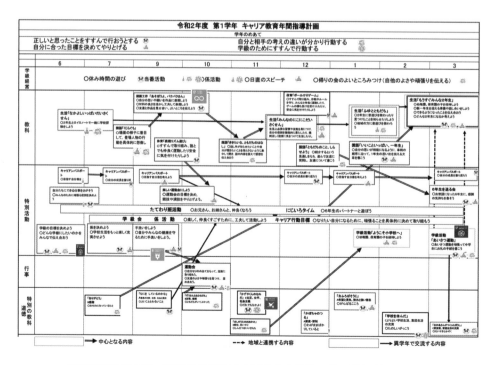

年間指導計画の例：東京都世田谷区立尾山台小学校・第１学年（令和２年度）

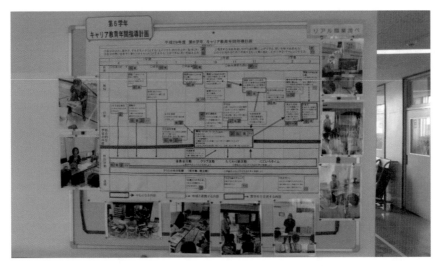

廊下に掲示された年間指導計画の様子：東京都世田谷区立尾山台小学校・第6学年（平成29年度）

　また，年間指導計画は，学校の創意工夫の下，児童の多様で質の高い学びを引き出すため，学校教育を通じて児童が身に付けるべき資質・能力や学ぶべき内容などの全体像を分かりやすく見わたすことができる「学びの地図」でもある。各学年の年間指導計画を教職員全員で共有することはもちろん，児童自身が学びの見通しをもち，振り返ることによって学ぶ意義を自覚する手掛かりを得たり，保護者や地域の関係者等が幅広く活用したりできるような工夫が必要である。

④ 児童一人一人の発達をどのように支援するか ―両輪としてのガイダンスとカウンセリング―

　小学校学習指導要領の特別活動は，「学校生活への適応や人間関係の形成などについては，主に集団の場面で必要な指導や援助を行うガイダンスと，個々の児童の多様な実態を踏まえ，一人一人が抱える課題に個別に対応した指導を行うカウンセリング（教育相談を含む。）の双方の趣旨を踏まえて指導を行うこと。特に入学当初や各学年のはじめにおいては，個々の児童が学校生活に適応するとともに，希望や目標をもって生活できるよう工夫すること。」と示している。

　ガイダンスの機能の充実を図ることは，全ての児童が学校や学級の生活によりよく適応し，豊かな人間関係の中で有意義な生活を築くようにするとともに，選択や決定，主体的な活動に関して適切な指導・援助を与えることによって，現在及び将来の生き方を考え行動する態度や能力を育てる上で，極めて重要な意味をもつものである。学級活動をはじめとする特別活動はもちろん，学校生活への適応や人間関係の形成などに関わる様々な教科等を通した集団の場面での適切な指導や援助が求められる。

　また，カウンセリングの機能を充実させることによって，児童一人一人が抱える課題等について，本人又はその保護者などにその望ましい在り方についての助言を通して，児童のもつ悩みや困難の解決を援助し，児童の発達に即して，好ましい人間関係を育て，生活によりよく適応させ，人格の成長への援助を図ることは重要なことである。ここでいう「一人一人が抱える課題」とは，児童本人がそれを認識して困難や悩みを自覚している場合はもちろん，本人が課題自体を意識するには至っていないものも含む。本人が特定の困難や悩みに直面していない場合であっても，個別に対応した指導を行うことを通して，視野を広げたり，新たな環境やこれから始まる学習課題などに積極的に臨めるようにしたりすることはカウンセリングの重要な役割である。

小学校でのキャリア・カウンセリングはどのようにしたらよいですか？

キャリア・カウンセリングという言葉から、中学3年時、高校3年時に行われる卒業直後の進路決定の相談を思い浮かべるとしたら、小学校ではほとんど実践する必要はないでしょう。実践に入る前に、キャリア・カウンセリングを正確に理解しておくことが大切です。

学校におけるキャリア・カウンセリングは、発達過程にある一人一人の子どもたちが、個人差や特徴を生かして、学校生活における様々な体験を前向きに受け止め、日々の生活で遭遇する課題や問題を積極的・建設的に解決していくことを通して、問題対処の力や態度を発達させ、自立的に生きていけるように支援することを目指しています。これはキャリア教育の目標と同じです。ただ、キャリア・カウンセリングは「対話」、つまり教師と児童・生徒との直接の言語的なコミュニケーションを手段とすることが特徴です。

小学校でのキャリア・カウンセリングの実践は広義と狭義の両面から考える必要があります。

広義の実践とは、小学校がこれから続く学校生活の基盤として、学校や教師への信頼、そして学ぶことへの喜びを体験する大切な時期であるという認識に立って、教師がそれぞれの子どもの存在を尊重して温かい人間関係を築くことを意味します。子どもたちとの温かで教育的な人間関係を築くためには、教師は一人一人の子どもとのコミュニケーションを図る能力を向上させることが不可欠となります。

狭義の実践とは、子どもたちが新たな環境に移行したり未経験の学習課題に取り組む際には不安も大きく問題を引き起こしやすいことを意識し、単に不安の解消や問題解決だけでなく、新たな環境や課題に勇気を持って取り組めることを目的とした個別の支援のことです。キャリア発達支援そのものと言えるでしょう。例えば、小学1年生は初めての学校生活に不慣れなために課題や問題を経験する時期ですし、どの学年でも学年始め・学期始めや学年末・学期末には新学級や新学年への適応で問題を経験する時期です。特に6年生は中学校進学という大きなステップを乗り越える準備のときでもあるので、中学校へ勇気を持って進めることを目指した個別支援は不可欠です。

キャリア教育の一環として実践される個に応じた支援や指導は、「キャリア・カウンセリング」と呼ばれる。これまで日本の学校教育では、キャリア・カウンセリングが、主に中学校や高等学校において進路指導室や放課後の教室などで行われる進路相談（いわゆる「二者面談」や、保護者を含めた「三者面談」等）に限定されるものと誤解される傾向が強かった。しかし、それらの進路相談は、キャリア・カウンセリングの一つの形態にしか過ぎないことを正しく理解する必要がある。キャリア・カウンセリングは、一人一人との対話を通したキャリア教育を意味するものであり、特に面談の時間を設けなくても、例えば児童との日常的な会話の中でも行うことができる。大切なのは、キャリア・カウンセリング（対話）を活用して、個別の支援を充実させていくという視点をもつことである。

さらに、キャリア・カウンセリングの実践に当たっては、スクールカウンセラーやスクールソーシャルワーカー、キャリア・コンサルタント等の活用や関係機関等との連携などに配慮することも必要である。特に、医療的なケアが必要な怪我や疾病、家庭の経済的な困窮など、教師による支援のみでは解決が難しい問題が要因となって新たな環境に移行したり初めて出会う学習課題に取り組んだりすることに困難が生じている場合には、専門的な知見をもつ人の参画を得つつキャリア・カウンセリングの機会を積極的に設けるべきだろう。

しかしその一方で、教師、とりわけ学級担任が、個別の会話・面談や言葉がけを通して指導や援助を行うキャリア・カウンセリングは極めて重要な役割を担っている。上述のとおり、キャリア・カウンセリングは、教室や校庭や廊下など、日常の教育活動が生起するあらゆる場所で行うことができる。その子にとって、最もふさわしい時に、最もふさわしい場所で、家庭、地域での生活や様々な活動を振り返

りながら，新たな学習や生活への意欲につなげたり，将来の生き方を考えたりする個別の指導や支援を行うための最適任者は学級担任であろう。学級の児童と共に過ごす時間が長いことに加え，一人一人の家庭環境までを視野に収め，それぞれの将来の展望などにも即せるからこそ，機を逸せずに言葉をかけることができる。また，学級担任は，個々の児童の普段の行動，言葉の選び方，表情などを熟知し，その子の微細な変化に気付くことができるからこそ，その子に最もふさわしいキャリア・カウンセリングが提供できると言えよう。そして，これらの日常的な場面でのコミュニケーション（対話）が基盤となって，必要に応じて特に時間を設定して実践する対話（二者面談等）も円滑に進むのである。

　このような重要な役割を担うゆえに，児童や保護者等とのコミュニケーションのスキルなど，カウン

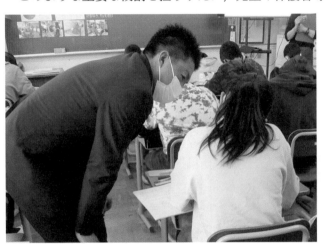

セリングの基礎的な能力・態度・技能を習得するための研修はすべての教師にとって重要であるし，各学校でキャリア教育を推進するための中心的な役割を果たす教師は，カウンセリングの技法，キャリア発達，職業や産業社会等に関する専門的な知識や技能など，キャリア・カウンセリングの専門性を身に付けるための研修にも積極的に参加する必要がある。

　小学校でのキャリア教育の取組において，学級や学年などの集団の場面で実践するガイダンスと，個々の児童との対話を通して行うカウンセリングは，その推進の両輪となるものと言えよう。

⑤ 何が身に付いたか ―評価の充実―

　キャリア教育を推進・充実させていく上で，評価は重要である。「評価が重要である」ことを感じる一方で，多くの教師が評価について悩んでいることがうかがえる。評価には，児童の現状や学びの成果を把握する「見取り」と，見取りの結果や全校的な教育活動の実施状況を把握する「点検」の二つの側面がある。児童が必要な力を身に付けられたのかを把握すること，全校的な教育活動を把握すること，いずれも，次の取組を改善するためには重要なことであるが，ここでは，児童に必要な力に関する「見取り」に焦点化したい。キャリア教育は，「一人一人の社会的・職業的自立に向け，必

しかし　重要性を感じる一方で，先生方はキャリア教育の「評価の仕方」に悩んでいます。

先生方にとって「評価の仕方」は，「キャリア教育を実施する十分な時間の確保」に次ぐ悩みとなっています。

学級等のキャリア教育について困ったり悩んだりしていること（第一次報告書P86，P153，P262）

	小学校		中学校		高等学校
1位 (40.1%)	キャリア教育を実施する 十分な時間の確保	1位 (35.4%)	キャリア教育を実施する 十分な時間の確保	1位 (34.6%)	キャリア教育を実施する 十分な時間の確保
2位 (37.4%)	キャリア・カウンセリングの 内容・方法がわからない	2位 (34.9%)	**キャリア教育の 計画・実施についての 評価の仕方がわからない**	2位 (31.0%)	**キャリア教育の 計画・実施についての 評価の仕方がわからない**
3位 (33.2%)	**キャリア教育の 計画・実施についての 評価の仕方がわからない**	3位 (33.3%)	保護者のキャリア教育に対する 期待が進路先の選択や その合格可能性に偏っている	3位 (26.1%)	キャリア教育の 適切な教材が得られない
⋮		⋮		⋮	
14位		18位		18位	

要な基盤となる能力や態度を育てることを通して，キャリア発達を促す教育」である。キャリア教育の推進に当たっては，まず，児童のスタート地点，今（現状）を的確に把握することが求められる。児童の現状を把握せずして，変容を見取り，児童自身も教師も成長を実感できるキャリア教育としていくことは難しいであろう。

　それでは，児童の現状を把握するためには，どうすればよいのだろうか。現状を把握するポイントとしては，定量的な把握と定性的な把握が考えられる。定量的な把握としては，アンケートにより，一人一人の状況や学級，学年，学校，校区といった単位で全体的な傾向を把握することや，児童自身の自己評価や児童同士の相互評価を活用することも考えられる。学習の振り返り，学校生活に関する様々なアンケートの活用も可能であろう。定性的な把握としては，児童との日常的な対話や面談等を通して，直接的に行うものがあげられる。「どんな1年にしたいと思っているのかな？」「1学期にできるようになりたいことは？」「○○の行事で，自分でできるようになったことやもう少しがんばりたかったことは何？」など，教師は様々な対話や働きかけを日々行っているのではないだろうか。

平成23年「キャリア教育を創る」より

　このように新しい取組として実施するばかりではなく，各学校で既に行っている，アンケートなどについて，意味を再確認し，活用していく視点も重要である。児童の現状を具体的に把握することで，目指すべき姿との差が明らかになり，その差を埋めるために必要な指導計画についても自ずと明らかになる。

　次に，児童の自己評価や教師による児童理解を深めるために活用することが期待される「キャリア・パスポート」について，改めてその価値を確認したい。児童は，日々の様々な学習や経験を通して，変容，成長している。学校には，児童の成長する場面が散りばめられており，教師が前述のキャリア・カウンセリングなどを通して，成長を促したり，成長の場面に立ち合ったりすることも多いのではないだろうか。一方で，学校教育全体を通じて，多くの成長の場面があるがゆえに，意識的に学習や活動の様子，振り返りを記録していくことが求められる。学習や成長の記録を一元化したポートフォリオに蓄積された児童の活動記録や気付きなどは，教師が児童を見取るための重要な資料となり得る。また，何より，児童自身が自分の成長を実感するための貴重な資料となる。

　「キャリア・パスポート」は，学習指導要領及び中央教育審議会答申で次のように述べられており，有効に活用することで，多様な側面から児童の学びを捉えることができる。

●学習指導要領特別活動第2〔学級活動・ホームルーム活動〕3内容の取扱い
学校，家庭及び地域における学習や生活の見通しを立て，学んだことを振り返りながら，新たな学習や生活への意欲につなげたり，将来の（在り方）生き方を考えたりする活動を行うこと。その際，児童（生徒）が活動を記録し蓄積する教材等を活用すること。
●中央教育審議会答申 平成28年12月21日
子供一人一人が，自らの学習状況やキャリア形成を見通したり，振り返ったりできるようにすることが重要である。

「キャリア・パスポート」を活用した評価については，国立教育政策研究所「キャリア教育リーフレットシリーズ特別編キャリア・パスポート特別編１～３（平成30年５月）」（本書P.31にQR CODE）も参考にしていただきたい。例えば，「大舘ふるさとキャリア教育」では，各校の日常の中で行われる各教科等の授業やファイルへの活動記録のまとめ等を振り返る。ここでのポイントは，「日々の授業の中で培った振り返る力を生かしている」という点である。「キャリア・パスポート」に関わる取組を学期末や年度末に１時間だけ使って書かせて終わりといった形ではなく，各教科等を通じて行っている自分の考えを振り返ることや表現する機会を活用しているのである。もし，ある児童が「今日の国語では，友達の意見を聞いて自分が気付いていない主人公の気持ちがあることが分かり，この物語をもう一度読み直してみたいと思った」と振り返りを書いた場合，教師は何を見取ればよいだろうか。異なる他者の意見に触れ，視野を広げられたこと，更なる学習意欲を高めたことについて，価値付け（評価）することで，児童自身が自分の成長を実感できる場面となっていくのではないだろうか。

　次に，「キャリア・パスポート（例示資料）」を活用した評価についても考えてみたい。例えば，「〇年生のみなさんへ」では，「キャリア・パスポート」の意味や活用方法，教師から児童への願いや期待を伝える欄がある。「キャリア・パスポート」は，児童自身の学びの軌跡を蓄積するものであり，年間を通してどのように活用するのか，何を目標に学習し，学校生活を送っていくのか，児童と教師が共有することができる。行事や学年末の振り返りの際にも活用できるよう例示されている。例えば，「なりたい自分にどれだけ近付けたか」では，「できるようになるために行動した自分」に気付かせることや，自身が気付いていない"がんばり"を認め，肯定的に捉えられるような支援（評価）を行うことで，更なる意欲や成長，自己肯定感の醸成につなげていくこともできる。ぜひ，各学校の児童の実態に合わせて，よりよい成長につながる活用を進めていただきたい。そして，さらには，取組の点検・改善にもつなげていただきたい。また，小学校特別活動評価資料（令和２年６月27日　国立教育政策研究所）において「キャリア・パスポート」を活用した指導案例や学級活動(3)の指導と評価の工夫を示しているので，参照していただきたい。

⑥ 実施するために何が必要か —人的・物的な体制の確保—

　キャリア教育の推進に当たっては，校内体制の整備と併せて，校種間連携を含む学校間連携，また，家庭や地域，企業等実社会との連携も重要である。これらは，教育課程を編成する上で求められる，カリキュラム・マネジメントの三つの側面のうちの一つである「教育内容と，教育活動に必要な人的・物的資源等を，地域等の外部の資源も含めて活用しながら効果的に組み合わせること。」の要素でもあり，各学校が，校内外の人的・物的資源を最大限生かしたキャリア教育を進めていくことが求められる（学習指導要領における記載についてはP.70参照）。カリキュラム・マネジメントの視点で，教育活動の質を高めていく営みは，各学校が，児童の実態を把握し，一人一人のキャリア発達を願い，キャリア教育を構想し，推進していく営みと同じである。

　それでは，各学校では，どのように校内組織を整備し，キャリア教育を実施していけばよいのだろうか。キャリア教育は，教育課程全体を通じて行うものであり，担任一人で行うものではない。小学校６年間の縦の接続の中で，各学年においてどのような力を育むのか，とりわけ，小学校は６年間という長いスパンで児童の教育に当たることから，児童の発達段階に合わせて，長期的な視点による多様なキャリア教育を実施することが求められる。６年間でどのような内容の学習を実施するのか，地域等の資源

については，どのように計画的に活用するのか調整することも必要となる。目の前の児童の前年度までの学習状況やキャリア教育における経験を把握すること，また，次年度以降の学習とのつながりや見通しについても把握することで，学びと学び，経験や活動と成長がつながり，より効果的なキャリア教育となっていく。

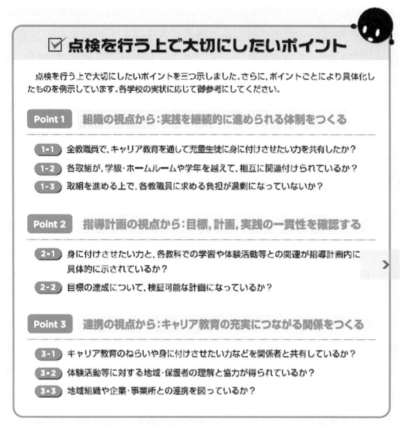

また，実際の授業に当たっては，例えば，児童の安全確保一つをとっても，学級，学年を越えた体制の確保が必要であることはもちろん，キャリア教育は，児童が，社会的・職業的自立に向け，必要な基盤となる能力や態度を育てるものであるため，実社会と学校教育をつなぐものとしていくためにも，家庭や地域の協力や理解を得るための体制も必要となる。学級や学年だけでなく，管理職を含めた学校全体の連携推進組織や役割分担が必要となる。また，キャリア教育の全体像を示す「キャリア教育全体計画」を作成している学校は多くあるが，その作成に一人一人の教職員が参画意識をもてているか，日常の取組とリンクし，活用できるものとなっているかについては，課題もあるのではないだろうか。一部の担当者だけが作成し，その存在をかろうじて知っているという状況では，実際は活用されないままとなってしまう。初めから整っていなくても，「わが校の児童の実態は○○である。だから，○○の力をつけるために，○○学習を行う」という教職員や児童自身の願いをスタートに全教職員，更には，児童や保護者，地域とも共有できるよう定期的に見直し，改善していくと，生きた「全体計画」となっていく。

　組織としては，既に，「キャリア教育推進委員会(名称は各校による)」などがある場合や，新しく推進組織を立ち上げる方法もあるだろう。一方で，組織の名称に関わらず，各校で，教育内容を検討したり，調整したりする組織が既にあるのではないだろうか。様々な「○○教育」に対して，それぞれ別の組織や会議を増やしていくのではなく，既存の組織を活用した取組の実施や点検を行う方法も検討していただきたい。国立教育政策研究所「子供たちの『見取り』と教育活動の『点検』(平成27年3月)」(本書P.60にQR CODE)では，学校教育全体の改善につなげていく視点で，キャリア教育の点検を行う視点が示されており，参考にしていただきたい。

　学校間連携については，校種が変わっても，児童の成長は連続していることから，就学前教育と小学校，小学校と中学校など，その重要性は認識されているところである。一方で，学校文化も，時間的なリズムも異なることから，無理なく，意図的・計画的に連携を進める必要がある。就学前教育と小学校の児

童同士の交流を例に見ると，就学前の児童にとって，小学生との交流は「近い将来」を感じる機会であり，「あんなお姉さん，お兄さんになりたい」，「あんなことをできるようになりたい」など小学校生活への期待や希望をもてる機会となる。小学生にとっては，下学年の児童への思いやりなどの心情や自己肯定感が育まれるとともに，自分の成長を実感できる機会となる。このように，交流の目的や成果を双方の教職員が共有し，どちらかに無理がかかり過ぎるといったことがないよう実施していくことが重要である。

　家庭や地域，企業など地域社会との連携では，改めて自分の学校・校区にある資源を知り，十分に生かしていく視点が重要となる。「地元に愛されている商店街がある」，「新しい時代に合わせて変化してきた街並みがある」，「歴史的な建造物がある」，「地域のためにこんな活動をしている人がいる」など，各学校には，キャリア教育を実施する上での資源＝「宝」があるはずである。地域社会と連携したキャリア教育は，自分の住む地域に誇りをもつことや，よりよくしていきたいとの社会参画意識が醸成されることにもつながる。自分が育った地域，住んでいる地域を大切に思うことは，自分自身を大切に思い，肯定していくことにもつながる。また，「〇〇を仕事にしている方でお話をしていただける人がいる」，「〇〇さんは，こんな経験をもっているので，ぜひ子供たちに出会わせたい」，「"仕事"という視点で"教師"についてインタビューを受けてもらいたい」など，「人」そのものが実社会と学校教育をつなぐ魅力的な「宝」となる場合もある。これらの学習は，事前の準備や調整が必要であり，特に外部の資源を活用する際には，丁寧な依頼や目的の共有が必要となる。担当の教職員の負担や，引き受けてくださる人や施設の負担が大きすぎると，なんとか1回は実施できたとしても，継続的に取り組んでいくことは難しい。体制が不十分なことにより，安全上の課題が生じることも避けなければならない。学校全体で，実施可能な内容や時期を十分検討し，体制を確保した上で，無理なく，無駄なく，キャリア教育を推進することが重要である。

　魅力的なキャリア教育の実施により，児童の成長につながることが学校や保護者の願いであることは言うまでもない。また，協力してくださる地域や企業などにとっても，児童の成長は喜びであり，地域の活性化にもつながるものである。校内体制の整備と多様な連携により，学校・地域社会の資源を最大限生かしたキャリア教育を進めていただきたい。

（3）教科等におけるキャリア教育実践の基本

　ここでは，小学校段階におけるキャリア教育を実践するに当たり，各教科等それぞれ留意すべきことについて確認する。教科等の学びと学び，また，実社会とをキャリア教育の視点で「つなぐ」ことで教育効果を高めることができる。

① 教科

　学校における1日の多くの時間は教科の学習である。教科において，どのようにキャリア教育の視点を取り入れた学習を実践していけるかは，児童の成長にとって大変重要である。従前から，日本の児童の課題として，学ぶ意義が感じられていない，自分の将来と学習をつなげられていな

いといった実態が明らかになっている。最も多くの時間を使って日々学習をしているはずであるのに,何が問題なのであろうか。学習指導要領改訂に向けた中央教育審議会答申では,

> ・学ぶことと自分の人生や社会とのつながりを実感しながら,自らの能力を引き出し,学習したことを活用して,生活や社会の中で出会う課題の解決に主体的に生かしていくという面から見た学力には,課題があることが分かる。
> ・学校で学ぶことと社会との接続を意識し,一人一人の社会的・職業的自立に向けて必要な基盤となる資質・能力を育み,キャリア発達を促すキャリア教育の視点も重要である。

学習指導要領　総則　第4児童の発達の支援(3)　では,

> 児童が,学ぶことと自己の将来とのつながりを見通しながら,社会的・職業的自立に向けて必要な基盤となる資質・能力を身に付けていくことができるよう,特別活動を要としつつ各教科等の特質に応じて,キャリア教育の充実を図ること。

とされている。教科には,教科の本質があり,各教科等の学習を通じて育みたい資質・能力がある。キャリア教育の視点を取り入れようとするあまり,授業の核となる教科等で目指すべき力の獲得が曖昧になることは避けなければならない。また,キャリア教育の視点を教科に「ON」するという捉え方も,混乱を招く側面があるのではないだろうか。例えば,単元のねらいを達成するための授業展開の中には,そもそもキャリア教育の意味や価値が存在するものがある。「実社会に役に立っていることをこの単元では伝えられる」「○○の職業で活用されている考え方である」「今日学んだことは,実は,生活のこの場面で使用されている」「この実験で確かめたことは,今や未来の社会とつながる技術である」など,授業者がその価値に気付き,意識して授業ができるかは大きい。授業者が学ぶ価値を見いだせていない状態では,児童が学ぶ意味や価値を実感することは難しい。また,主体的・対話的で深い学びの実現には,自分で考えたり表現したりする場面,多様な人と対話し,協働するために,「人間関係形成能力」を育むような学習過程が日常的に取り入れられているはずである。この学習過程そのものに着目することもできる。

② 道徳科

「道徳に係る教育課程の改善等について(答申)(平成26年10月)」では,基本的な考え方として,「一人一人のよさを伸ばし,成長を促すための評価を充実すること」と示された。特別の教科　道徳(以下,「道徳科」という。)の目標は,教育課程全体を通じて,「よりよく生きるための基盤となる道徳性を養うため,道徳的諸価値についての理解を基に,自己を見つめ,物事を多面的・多角的に考え,自己の生き方についての考えを深める学習を通して,道徳的な判断力,心情,実践意欲と態度を育てる」ことであり,より一層キャリア教育の視点を生かした学習の展開が期待される。道徳科の目標を達成するために指導すべき内容項目として,四つの視点「A　主として自分自身に関すること」「B　主として人との関わりに関すること」「C　主として集団や社会との関わりに関すること」「D　主として生命や自然,崇高なものとの関わりに関すること」で学年段階に分けて整理されており,いずれも,キャリア教育との関連が深い内容である。学年段階ごとに示されている内容項目の指導の観点では,例えば,

> A　主として自分自身に関すること
> 　希望と勇気，努力と強い意志
> 　　［第1学年及び第2学年］
> 　　　自分のやるべき勉強や仕事をしっかりと行うこと。
> 　　［第3学年及び第4学年］
> 　　　自分でやろうと決めた目標に向かって，強い意志をもち，粘り強くやり抜くこと。
> 　　［第5学年及び第6学年］
> 　　　より高い目標を立て，希望と勇気をもち，困難があってもくじけずに努力して物事をやり抜くこと。

と示されている。これらは，キャリア教育における「夢」の実現に向けた努力や，「仕事」について，ゲストティーチャーからの聞き取り学習で学んだことなどと関連させることで，道徳科としてもキャリア教育としても効果を高めることができる。他にも「個性の尊重」では，「自分のよさや特徴を知って，伸ばすこと」が示されており，自分の役割を果たしながらキャリア発達を促すキャリア教育と関連は深い。B　主として人との関わりに関すること「感謝」では，自分たちの生活が，多くの人々に支えられ助けられて成り立っていることへの気付きが，自分も人々や公共のために役に立とうとする心情や態度につながるよう指導を深めていくことが求められており，各校における「家の仕事調べ」や「学校でみんなを支えている仕事や役割」などについて学ぶキャリア教育と関連を図ることができる。

> C　主として集団や社会との関わりに関すること
> 　勤労，公共の精神
> 　　［第1学年及び第2学年］
> 　　　働くことのよさを知り，みんなのために働くこと。
> 　　［第3学年及び第4学年］
> 　　　働くことの大切さを知り，進んでみんなのために働くこと。
> 　　［第5学年及び第6学年］
> 　　　働くことや社会に奉仕することの充実感を味わうとともに，その意義を理解し，公共のために役に立つことをすること。

は，言うまでもないが，仕事に対して誇りや喜びをもち，働くことの意義を自覚し，進んで公共のために役立つことに関する内容項目である。児童一人一人が働く意義や目的を探究し，みんなのために働くことの意義を理解し，集団の一員として自分の役割を積極的に果たそうとする態度を育成することが望まれており，キャリア教育と関連を図ることで，より効果を高められる。

③ 総合的な学習の時間

　総合的な学習の時間の目標は，探究的な見方・考え方を働かせ，横断的・総合的な学習を行うことを通して，よりよく課題を解決し，自己の生き方を考えていくための資質・能力を次のとおり育成することを目指すことである。小学校学習指導要領解説総合的な学習の時間編では，今回の改訂の基本的な考え方として，「探究的な学習の過程を一層重視し，各教科等で育成する資質・能力を相互に関連付け，実社会・実生活において活用できるものとするとともに，各教科等を越えた学習の基盤となる資質・能力を育成する。」とされている。総合的な学習の時間で育成することを目指す資質・能力として，

> (1) 探究的な学習の過程において，課題の解決に必要な知識及び技能を身に付け，課題に関わる概念を形成し，探究的な学習のよさを理解するようにする。
> (2) 実社会や実生活の中から問いを見いだし，自分で課題を立て，情報を集め，整理・分析して，まとめ・表現することができるようにする。
> (3) 探究的な学習に主体的・協働的に取り組むとともに，互いのよさを生かしながら，積極的に社会に参画しようとする態度を養う。

が3つの柱として示されている。

　キャリア教育が，一人一人のキャリア発達や，仕事などの視点から，学校の学びと実社会や実生活をつなぐ役割を担うものであると考えたとき，総合的な学習の時間においても，同様のことが求められており，キャリア教育と総合的な学習の時間には密接な関わりがあることが分かる。

　例えば，総合的な学習の時間において，「自分の住む地域に関心をもち，調べたいことを考え探究する中で，地域のよさや，働く人の思いを知り，地域が人々の願いを実現しようとする社会参画により，つくられていることを理解する」といった学習を展開している学校は多いのではないだろうか。身近な地域の方の話を聞く中で，働くことの大変さや尊さに気付いたり，ボランティア活動で得られるものについて教えてもらったりする場面がある。また，地域をよりよくしようとしている人に出会うことで，社会参画の大切さに気付くこともある。これらは，「課題対応能力」や「キャリアプランニング能力」など，キャリア教育で育みたい資質・能力（基礎的・汎用的能力）と関連が深く，キャリア教育の視点で進められる学習例である。

　また，総合的な学習の時間では，課題の解決において，主体的に取り組むこと，協働的に取り組むことが重要とされている。児童がこれから生きていく社会は複雑で多様である。予測できない困難な課題や一人では解決できない課題も多いだろう。だからこそ，多様な他者と協働的に学ぶことが求められているのである。学校における同学年の児童だけでなく，異学年の児童，地域や企業の方などとの出会いや協働も総合的な学習の時間の学習過程では多いことが想定される。

　さらに，総合的な学習の時間は，各学校において定める目標や内容，育成を目指す資質・能力を設定することが求められている。これは，P.70「① 何ができるようになるか—具体の能力設定のポイント—」にて前掲の目の前の児童の実態にふさわしいキャリア教育を通して身に付けさせたい力の設定と同様である。児童に育みたい力があり，そのための内容があるはずである。

　総合的な学習の時間は，「自己の生き方を考えていくための資質・能力を育成する」学習である。ぜひ，キャリア教育と関連を図りながら，児童の人生がより豊かなものとなるよう各校で知恵を寄せ，各校の資源を最大限生かしながら魅力的な学習を展開していただきたい。

④ 特別活動

　学習指導要領（平成29年告示）では，特別活動の学級活動を，キャリア教育の「要」とすることが示された。その背景等は，本書P.71にも示しているが，これまで，学校の教育活動全体を通じて行うキャリア教育の性質上，意図すれば，いずれの教科等でもキャリア教育となり得ることにより，何でもキャリア教育，もしくは，何がキャリア教育なのか分かりにくいといった疑問に対して明確に応えるものとなった。

　キャリア教育の「要」としての特別活動に新設された学級活動の内容(3)「一人一人のキャリア形成

と自己実現」「ア　現在や将来に希望や目標をもって生きる意欲や態度の形成」「イ　社会参画意識の醸成や働くことの意義の理解」「ウ　主体的な学習態度の形成と学校図書館等の活用」は，小学校におけるキャリア教育推進の拠り所となるであろう。

●小学校学習指導要領特別活動第2〔学級活動〕3内容の取扱い

> 　学校，家庭及び地域における学習や生活の見通しを立て，学んだことを振り返りながら，新たな学習や生活への意欲につなげたり，将来の生き方を考えたりする活動を行うこと。その際，児童が活動を記録し蓄積する教材等を活用すること。

　キャリア教育の各場面において，学習や活動の内容を記録し，振り返るには，教師にとっても，児童にとっても意義があることはこれまでも述べてきた。中学校，高等学校へと，これから児童が成長していく過程の基礎となる小学校段階における効果的な「キャリア・パスポート」の活用は，大変重要なものとなる。

　小学校の強みの1つは，担任が多くの教科等で児童を指導するなど，教育課程全般に関わっていることである。その強みを生かして，各教科等のほか，学校行事や学校生活における節目で児童が記載する振り返りなど，これまでも取り組んでいる児童の学びや成長の記録を生かしながら，特別活動を要にした「キャリア・パスポート」の取組を推進することが可能である。学級活動の時間に，「キャリア・パスポート」を活用する際には，学級活動の目標や実施時間数にふさわしいものとなるように留意することも必要である。児童への負担にも配慮し，書くことを目的に多くの時間を費やすことや，学級活動の時間内に個別の面談等を行うことは適切ではない。「キャリア・パスポート」を書くことで終わるのではなく，活用して話合い活動を行うことや，意思決定を行うなど，学習過程を重要視することが求められる。

板橋区立中台小学校

　具体的には，例えば，学級活動(3)で「キャリア・パスポート」を活用して「なりたい自分」を考える学習などが考えられる。これから高学年になろうとする4年生が，これまでお世話になった高学年の先輩が自分たちにしてくれていることを思い起こし，5年生に向けて「なりたい自分」について話し合い，各々の目標を考えることや，そのために今からできることを具体的に考え，実行する計画を立てるといった学習も考えられる。このように，夢や職業調べなど「キャリア教育」の固定的なイメージの強い学習のみをもって終わるのではなく，一人一人のキャリア形成と自己実現に向け，経験や学びについて，話し合い，記録・蓄積することで可視化し，よりよいキャリア形成につなげていける特別活動を展開したい。

国立教育政策研究所「キャリア教育が促す『学習意欲』」についてはこちらのQR CODEから。
https://www.nier.go.jp/shido/centerhp/career_jittaityousa/career-report_pamphlet.htm

学級活動(3)の指導と評価の工夫やキャリア教育の充実を図る特別活動の実践については，「『指導と評価の一体化』のための学習評価に関する参考資料」を参照してください。
https://www.nier.go.jp/kaihatsu/shidousiryou.html

【事例2】東京都世田谷区立尾山台小学校
常に取組を見直し改善する学校づくり

　常に児童の実態を踏まえ取組を改善し続け，四つの「付けたい力」を基に，年間指導計画の作成，それを基にしたキャリア教育の推進を行っている。

> 【学校について】
> 　東京都世田谷区の南に位置し，尾山台駅前に広がる活気ある商店街の近くにある小学校。近くに尾山台中学校が位置し，玉堤小学校とともに3校で翠と渓の学び舎として連携を図っている。児童数は約530人で学区外から登校する児童も多い。本校には，通常学級，知的固定学級（けやき学級）があり，情緒通級学級（すまいるルーム）の拠点校ともなっていて教師数や講師数が多い。学校運営サポーターも活躍し，6年生「For the future」や3年生「商店街調べ」など活気ある商店街や地域の人材，大学などと連携した取組みが行われている。

【キャリア教育の目標】(令和2年度版)

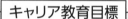

キャリア教育目標	各学年の目標 （例：高学年）
判断する力　認める力　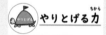やりとげる力　支え合う力	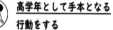高学年として手本となる行動をする　より高い目標を決めてやりとげる　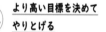自分も相手も大切にして行動する　学級や学年，学校のためにすすんで行動する

【児童の実態把握】

・研究アンケート(教師)

　毎年，年度末に教師向けの研究に関する年度末反省を行っている。個人評価，分科会評価をそれぞれ行い，その結果を研究推進委員会で検討し，研究全体会で共有している。

・研究アンケート(児童)

　取組の成果と課題を検証するために，年2回全学年の児童対象に研究に関する自己評価のアンケートを実施している。その中には，尾山台小学校のキャリア教育目標の振り返りや，その年に力を入れている取組に関する項目を入れている。

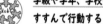

・その他(学習効果測定，体力測定など)

【研究のあゆみ】

平成27年度	平成28年度	平成29年度	平成30年度	令和元年度	令和2年度
土台づくり		振り返り活動の充実		キャリア教育目標の見直し	
キャリア教育研究スタート	授業研究	振り返りカード	学活と道徳を中心とした実践	キャリア教育目標の具体目標の見直し	キャリア教育目標の四つの力の見直し
キャリア教育目標の設定	PDCAサイクルによる年間指導計画の見直し	キャリアン・パスポートの作成	おやまちプロジェクト	学活を中心とした実践	SDGsの推進
年間指導計画作成				一人一実践	

【実践紹介】

・児童の実態を基にした目標の設定と年間指導計画

　　児童の実態把握を基に，毎年キャリア教育目標や年間指導計画の見直しを行っている。

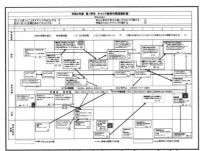

P.74参照(例：令和2年度　1年生)

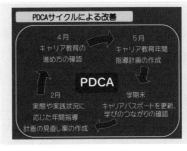

本校では，旧担任による見直し，新担任による修正により，毎年，キャリア年間指導計画を更新している。

・キャリアン・パスポート(「キャリア・パスポート」)をはじめとした振り返り活動

　　行事，中心となる活動の成果物など各学年でキャリアン・パスポートにとじるものを共通理解し精選している。どの活動の振り返りに関しても教師のキャリア・カウンセリング的な関わりを大切にコメントをしている。年度末には保護者の方にもコメントを記入してもらい，家庭と連携して児童の自己肯定感を高める取組を行っている。

【めざす自分シート】

学級活動（3）の時間に「めざす自分」について考えたり，立てためあてを振り返ったりする活動をしている。

(例：中学年)

【教科をつなげるシート】

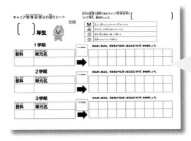

学級活動を要として各教科の学びをつなげることを目的とし，活用しているシート。学期末に学級活動（3）で活用。

【振り返りカード】

(例：6年生)

各学年の実態に合わせたカードを使用。

・キャリア教育目標を意識づけるための掲示物

　　児童と教職員がキャリア教育目標や年間の学習の流れを意識するために①各学年の教育目標(教室の黒板上)②6年間のキャリア教育目標(教室内の掲示板)③各学年のキャリア教育目標年間指導計画(各学年の廊下掲示板)の3点を各教室や廊下に掲示している。

授業で活用するためのマグネットシート。

6年間の目標のつながりを感じさせるための掲示物。

【事例3】（大阪府）高槻市立第四中学校区ゆめみらい学園
高槻市立富田小学校・赤大路小学校・第四中学校
小小連携，小中連携により，キャリア教育の効果を高める取組

校区の児童の実態を踏まえて「付けたい力」を設定。校種間連携，家庭・地域・社会との連携・協働により「付けたい力」を育む教育課程を編成し，キャリア教育を展開。

【校区について】

　大阪府北部の中核市である高槻市の西部に位置し，2つの小学校と1つの中学校で構成される児童生徒数1,113人(富田小200人・赤大路小547人・第四中366人)の校区である。校区にはJRと私鉄の駅があり，近年JR駅前のマンション開発が進む。また，公共施設や市営住宅が点在するとともに歴史ある寺社等古い町並みを残しており，地域と連携した取組が進められている。

　市施策により平成28年度から全中学校区にて小中一貫教育(施設分離型)を推進している。

【キャリア教育の目標】

今の課題に向き合い，未来をよりよく生きる力を育てる
～「社会参画力」を育む授業づくりを校区一貫して進める～

　児童が，「学び」の必要性や学習意欲を見いだせずにいる状態を「学びの空洞化」と表し，児童の「学び」を実社会や将来とつなげ，主体的なものとするために「社会参画力」を育むことを目標とする取組を展開している。

【児童の実態把握】

・教職員による共有

　毎年，校区の教職員で小中9学年の取組を振り返って交流し，児童の実態について話し合う機会を設け，成果と課題を共有している。別表「社会参画力ステップ表」については，児童の実態から作成しているが，作成当初より，実態に応じて見直しを続けている。

・校区効果測定アンケート

　取組の成果と課題を検証するために，平成25年度より，4年生から9年生までの全ての児童を対象として，校区効果測定アンケートを実施している。校区が育成を目標としている「社会参画力」に関連した項目を平成28年度に追加するなど，改善を図りながら，「確かな学力」「豊かな人間性」「健やかな体」「信頼される学校・校区」の四つの観点による56項目で実施し，児童の実態把握及び校区の取組の点検・評価・改善(PDCA)に生かしている。

　これら児童の事態から，付けたい力を確認し，付けたい力を育むための学習や取組についても，毎年見直しを行っている。

【とてもそう思う＋そう思う】

番号	アンケート項目	2019年11月	2020年10月	差（ポイント）
6	わからないことがあるとどのように調べたらよいかわかる	77.70%	82.30%	4.6
13	自分を大切にできる	81.10%	84.00%	2.9
44	学んだことを自分の生活に活かすことができる	73.60%	77.00%	3.4
47	人の話をしっかりと聴くことができる	80.30%	85.00%	4.7
55	周りの人と協力することができる	86.80%	89.90%	3.1

【つけたい力の設定】

　校区で育みたい力として「社会参画力」を捉え，9年間を通して学力を高めていけるよう，付けたい力を細かく設定するとともに，児童が発達段階に応じて，安心して学べるよう学び方についても共有している。

今の課題に向き合い、未来をよりよく生きる力を育てる

	ステップ1	ステップ2	ステップ3
	自分で決めて行動しようとする	状況を踏まえて、自分で決めて行動しようとする	状況に流されず、自分で決めて行動しようとする
	物事に楽しんで取り組もうとする	難しそうなことでも取り組もうとする	自分のできることを見つけて取り組もうとする
	うまくいかない時でも、投げ出さずに取り組む	困難であっても、最後まであきらめずに取り組み続ける	解決が困難だと思われることに対しても、乗り越えようとねばり強く取り組み続ける
	自分が何をすべきか理解できる	課題を解決するための方法を考える	よりよい課題解決の方法を選択できる
	計画にそって取り組む	よりよい解決のために計画的に取り組む	より効率的に課題解決に取り組む
	取り組んだことをふり返る	取り組んだことをふり返り、学びを整理する	学んだことやわかったことを検証し、言語化する
	相手を意識して、聴いたり話したりする	ちがう意見の人の考えを大切にして、聴いたり話したりする	多様な立場や考えを尊重して、聴いたり伝えたりする
	友だちと力を合わせて取り組む	自分の周りにいるいろいろな人と協力する	自分の関わる社会の範囲を広げ、さまざまな人と協働する
	自分の考えや学んだことを、ていねいに伝える	自分の考えや学んだことを、わかりやすくよりよい方法で発信する	自分の考えや学んだことを、適切で効果的な方法を用いて発信する
	取り組んだことの興味を感じられる	取り組んだことを自分の生活にいかす	取り組んだことの価値を感じ、自分たちの「みらい」にいかす

【校区連携による取組事例】

・ゆめみらいパスポート(「キャリア・パスポート」)

　校区では、児童の学びの軌跡を刻むものとして、実施している。児童が「こんな自分になりたい」「こんな生き方がしたい」となりたい自分を描き、「そのために今，何ができるのか」等，今が未来につながっていることを実感し、生き方につなげられるような活用を目指している。校区共通のワークシートと各学年での学びをクリアファイルに整理し、9年間の学びを積み重ねていく。

・ゆめみらい学園児童生徒議会

　富田小学校，赤大路小学校の児童会と第四中学校の生徒会が集まり、校区にどのような「課題」があり、その「課題」に対してどのように活動を進めていくのかを協議し、具体的に実行している。感染症対策の観点から、集合開催が困難な時には、オンラインで開催した(写真)。

【地域の資源を活用したキャリア教育】

　児童の「学び」を実社会や将来とつなげ、「社会参画力」を育成し、その力を発揮できる場面を設定するキャリア教育の実現に向けては、地域の資源を活用することが重要である。地域の願いや課題を聞き、よりよい社会づくりに参画する学習や校区にある商店街や公共施設等、校区の特色や資源を生かしたキャリア教育を実施している。

【取組を生み出す組織】

・研究推進事務局

　校区の取組や連携の中心を担っているのが、ゆめみらい学園研究推進事務局である。各校の校長と連携推進担当の6人で組織している。各校の担当者が、校区でベクトルをそろえた取組を推進するために、校区の授業研究や研修の日程を調整したり内容を議論したりして、全教職員が集まる小中一貫研全体会の内容や各校における発信、児童や教職員の交流の機会を企画・運営している。以下は、校区が連携を深める上で大切にしていることである。

- 教職員が各校の児童を「校区の子供」として捉え、育ちをつないでいること
- 小中9年間で「校区の子供」の学びを積み重ねていること
- 「チームゆめみらい学園」として、互いに教職員の高め合いが行われていること
- 小小間，小中間でスムーズな連携・連絡があること

【事例4】宮城県仙台市立錦ヶ丘小学校
ICT環境を活用した取組

【校区について】
　仙台市の西部，丘陵の斜面に造成された新興住宅地に位置する学校である。平成27年4月に，仙台市127番目の小学校として開校した。開校から7年目を迎える令和3年度は，児童数が1,050名を超えている。地域住民は，宅地分譲の直後からの住民に加え，全国各地から新しく移り住んできた人々で構成されており，教育に関する関心は高い。開校以来，ICTを活用した教育を推進し，視聴覚教育・放送教育の全国大会，自主公開研究会などにおいて，その成果を公開してきた。

【キャリア教育の目標】

自分のよさを理解し，望ましい人間関係をつくる

　学校教育全体で育みたい資質・能力を「【対話】＝温かいコミュニケーションができる力」と設定し，その素地となるものとして「異質なものとの出会いを楽しむ（好奇心や他者理解を含む）」「見方の多様さに気付く」「自分の問題として考える」の3点を大切にしている。キャリア教育においても，自己理解や他者理解を深めながら，望ましい人間関係を構築できるような取組の充実を図っている。

【児童の実態把握】
　本実践事例の対象は，第6学年の男子15名，女子18名，計33名の学級である。友達と関わることが好きな児童が多く，友達を理解しようとしたり，よいところを見付けようとしたりする姿が見られる。一方で，自己表現が苦手な児童が多く，日常生活において，「どうせ～だし」「～が苦手」「間違えたらどうしよう」など，否定的な言葉をつぶやくことが少なくない。自分の長所（よさ）よりも自分の短所（課題）を強く意識する傾向が強く，自信をもって前向きに生活しきれていないことが課題となっている。

【付けたい力の設定】
　仙台市では，キャリア教育において付けたい力を「うごく力」「みつめる力」「かかわる力」「みとおす力」「いかす力」の5つの視点から設定している。本校では，児童の実態を踏まえ，「みつめる力」に焦点化し，その素地となるような「自分を見つめる（自分らしさに気付く）」ことができるような授業づくりを進めている。
　本実践においては，目標達成に向け，自分の短所を友達と一緒にリフレーミングする活動に取り組む。「友達」との関わり合いを通して，自分では短所と思っていることでも，他の人の視点からは「長所」と見える可能性があることに気付くことができるようにする。短所と向き合い，前向きに捉えたり，改善したり，新たな長所を発見していくことで，一人一人が成長するきっかけとしたい。

【ICT活用のねらい】

　ICTの特徴の1つである「可視化や共有の容易さ」を生かして，自身の考えの変化や一人一人の考えの違い，多様さを確認しながら授業を進めたい。一人一人の考えが「見える」ようになると，それだけで自分の思いを語りやすくなり，相手の考えを尋ねてみたくなる。また，電子化された思考ツールを活用すれば，視点を変えながら自分の考えを整理したり，自他の考えの変容を確認したりすることも容易になる。

　さらに，自他の考えをICTによって一覧できるようにすることで，考えの異同を確認しやすくし，考えを広げたり，深めたりするきっかけをつかませたい。

【実践事例】

○　事前の活動（日常的な活動）

・定期的に友達の「よいところ探し」を行い，教室に掲示して共有する。

・自分の長所や短所を感じたときに，「マイノート」にメモしておく。

・「マイノート」に書き留めておいた自分の長所と短所を，授業支援アプリ内の思考ツール「座標軸」上に配置する。その際，自分で発見した長所や短所は赤色のカード，友達が発見した長所は青色のカードと色を分けておく。座標軸は，横軸を「長所」と「短所」，縦軸を「友達に対して」と「自分自身」とし，自分の状態を視覚的に捉え，改善・解決を優先的に考えなければいけない短所に目が向くようにする。

○　本時の授業

1　学級目標「個性を最大限に発揮し合えるクラスづくり」の実現に向け，自分の長所・短所を振り返る。（事前に座標軸で整理）

・自分が短所と感じていることも，友達から見ると長所となっている場合があることに気付くことができるようにする。

・視点や捉え方を変えることで，短所が長所になり得ることを確認し，学習の課題を提示する。

2　本時の学習の課題を知る。

> 短所をリフレーミングして，自分らしさを発見しよう。

3　「リフレーミング」の意味を確認し，練習を通してリフレーミングの「こつ」を知る。

・担任の短所として「おしゃべり」を例示し，どのようにリフレーミングできるか考えることができるようにする。

・次の2点に着目し，リフレーミングしてみると，「おしゃべり」を「知識が豊富である」や「周りを明るくできる」と捉え直すことができることを理解できるようにする。

①　なぜおしゃべりなのか（理由から考える）

②　日頃どのような様子でおしゃべりをしているのか（様子から考える）

4　3人1組の班活動でリフレーミングを行う。

・1人3つの短所を取り上げ，どのようにリフレーミングできるか話し合う。

・短所に共感し合ったり，長所になり得る事柄を認め合ったりしながら取り組むことができるようにする。

5　自分の短所と向き合う。

・リフレーミングした結果をカード（白色）に書き，位置を考えながら座標軸に配置する。

・授業支援ソフト上で，リフレーミング前後の語句を結び付け，変容を視覚的に捉えることができるようにする。

・リフレーミングのための話合いを進める中で，自分の長所や短所の捉え方が変わった場合は，カードの位置を変えるようにする。

・短所がどのような言葉に置きかわったのか，長所に変わった言葉が座標軸上のどこに位置しているのかをよく見て，自分の長所や短所を見つめ直すことができるようにする。

・授業支援ソフトで，他者の座標軸も一覧し，気付いたことを話し合う。

・同じような短所でもリフレーミングの仕方が人によって違っていたり，同じような長所・短所の座標軸上の位置が違っていたりすることに気付くことができるようにする。

6　学級目標と個性の生かし方について話し合う。

・学級目標「個性を最大限に発揮し合えるクラスづくり」に立ち返り，目標達成のために注目すべきところは，座標軸上のどこなのかを話し合う。

・座標軸「友達に対して」の「短所」を「長所」と捉え直すことができれば，個性を発揮しながらクラスづくりに貢献できることに気付かせる。

7　授業を振り返り，気付いたこと，感じたことを話し合う。

・リフレーミングをしてみたことが自分自身についての新しい発見につながったか，学級目標の達成に向けて自分がやるべきことが見えてきたかといった観点で，感想を述べ合うことができるようにする。

・新たに見付けた自分の個性や友達の個性を大切にして，学校生活を送っていきたいという気持ちを高めることができるようにする。

各学年段階における
キャリア教育

低学年

小学校低学年におけるキャリア発達課題を達成していくためには，「小学校生活に適応する」「身の回りの事象への関心を高める」「自分の好きなことを見付けてのびのびと活動する」という視点が大切である。ここでは，「四つの能力」ごとに，実践するに当たってのポイントをまとめてみる。

【人間関係形成・社会形成能力】

児童は，家庭 → 保育園・こども園・幼稚園 → 小学校 → ……と，どんどん「社会」を広げていく。その中で，家族，友達，先生，上級生・下級生，地域の人々と，関わる人も徐々に増えていく。

低学年では，人との関わりの基盤となるコミュニケーション力（あいさつや返事など）とともに，友達と仲よく助け合っていく態度の育成も求められる。

また，幼稚園児等との交流や地域の人々との触れ合いの場，縦割り班活動での異学年交流の場などを通して，身近な人々と関わることの楽しさを十分味わわせるとともに，身近な人々の生活や働く人々に関心をもち，積極的に関わっていこうとする態度も育みたい。

《活動のねらい（身に付けさせたい力）》

- あいさつや返事をする。
- 「ありがとう」や「ごめんなさい」が言える。
- 友達の気持ちを考える。
- みんな仲よく学習したり遊んだりする。
- 自分の生活を支えている身の回りの人に感謝する。
- 同じ考えの友達と話し合う。（1・2年体育「表現リズム遊び」）
- 友達のよいアイデアに気付く。（2年音楽「せいかつの中にある音を楽しもう」）
- 身近な人々に関心をもち，積極的に関わる。（2年学校行事「なかよし遠足」）

【自己理解・自己管理能力】

何でもやってみたい時期，好奇心旺盛な時期に，様々な体験活動の中で，できるようになったことを増やし，自信をもたせて活動する楽しさを味わわせるとともに，自分の気持ちや意見を伝えることの大切さを教えたい。

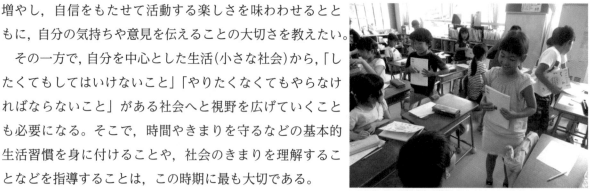

その一方で，自分を中心とした生活（小さな社会）から，「したくてもしてはいけないこと」「やりたくなくてもやらなければならないこと」がある社会へと視野を広げていくことも必要になる。そこで，時間やきまりを守るなどの基本的生活習慣を身に付けることや，社会のきまりを理解することなどを指導することは，この時期に最も大切である。

《活動のねらい（身に付けさせたい力）》

- 決められた時間や約束を守る。
- してよいことと悪いことがあることが分かる。
- 自分の好きなもの，大切なものをもつ。
- 自分の気持ちや意見を伝える。
- 係活動や家での仕事を通して，自分の役割の大切さが分かる。
- 自分ができることを知る。（1年道徳「じぶんでできるよ」）

【課題対応能力】

　低学年の児童は，初めて出合う学習活動や生活体験への期待を膨らませる児童もいれば，不安をもつ児童もいる。新しい社会で起こり得る様々な課題については，発達段階を踏まえると「先生や友達が何とかしてくれる」ことの方が多いかもしれないが，徐々に「自分にもできることはある」と，自力解決への意欲・意識をもたせることが大切である。

　そのため，活動に当たっては，すべて教師がおぜん立てするのではなく，計画や準備の段階から児童に関わらせ，失敗や反省を次の活動に生かす経験も必要になる。また，みんなで話し合って解決することの楽しさを味わわせることで，「折り合いをつける」話合いへとつなげていくこともできる。

《活動のねらい（身に付けさせたい力）》

● 作業の準備や片付けをする。
● めあてや計画を立てて活動する。
● 分からないことがあったら自分から質問する。
● 当番活動を通して，働くことへの意識をもつ。（1・2年学級活動「きれいなきょうしつ」）
● みんなで楽しい学校生活を作るために，話合いの仕方を知る。（1・2年学級活動「学級交流会をしよう」）

【キャリアプランニング能力】

　学級で係活動に取り組んだり，家庭で仕事を分担したりすることを通して，自分が役割を果たすことの価値を知り，自己有用感を味わうことができる。それは，自分をかけがえのないものとして大切にしていこうとする気持ちを育み，自分自身の成長に気付き，自信を深めていくことにもつながっていく。

　そのためには，学んだことを生かす活動や，自分や友達のよさや成長に気付く活動を積極的・継続的に設定する必要がある。特に，「キャリア・パスポート」は，この時期に将来への夢や希望をしっかり書かせるなど効果的に活用することで，数年後に振り返ったとき，自分自身の変容や成長をより一層実感することが期待できる。

《活動のねらい（身に付けさせたい力）》

● 係や当番の仕事に取り組み，その大切さが分かる。
● 身近で働く人の様子が分かり，興味・関心をもつ。
● 学んだことを生かすことができる。　（1年国語「じゅんじょにきをつけてよもう」）
● 自分の成長に気付くことができる。　（2年生活「自分の成長を実感しよう」）

《国語科》学びに向かう力や学んだことを生かす力を高める

単元名　「じゅんじょにきをつけてよもう」

ねらい

◎ 事柄の順序などを考えながら内容の大体を捉えることができる。

● 文の中における主語と述語との関係に気付くことができる。

● 文章の中の重要な語や文を考えて選び出すことができる。

● 進んで，事柄の順序を考えながら，内容の大体をとらえ，学習の見通しをもって，考えたことを文章にまとめようとしている。

本単元とキャリア教育

　この教材は1年生で初めて扱う説明的な文章である。くちばしの問題という形式で児童に親しみやすく，問い，答え，説明という構成の文章で3つの鳥のくちばしについての説明的な文章を読むことを通して，児童は説明的な文章の構造や主語と述語の関係を学ぶことができる。この教材では，同じ構成の文章を読み取っていくため，前時の学習を生かして次の学習を行うことができる。また，説明的な文章を読むことは，今後児童が図鑑や伝記など様々な本を読む上での基礎となり，読むことのよさや面白さに気付くきっかけともなる。さらに，児童がこれから出会うであろう様々な製品の説明書や新聞，参考文献などを読む上でも説明的文章の重要度は高く，文章を理解できることは自分を高めたり，広げたりするための大きな力となり，生涯学び続ける力の基盤ともなるだろう。

　今回，活動の最後には，くちばしの問題を自分でつくろうという活動を設定した。この活動から児童は図鑑や本を自分で読んでみたい，調べてみたいという意欲が生まれると考えられる。自分の伝えたいことを順序立てて説明するということは，スピーチや話合い活動においても大事な力である。また，学んだことを自分で生かして活用するということで児童の課題対応能力も育っていくと考えられる。

　入学して少し落ち着いてきたこの時期，学習への見通しをもたせ，学習が「生きている・つながっている」ということを実感させることで，今後の学校での様々な学びに向かう姿勢が確立していく。一人一人の学びの意欲や学び方を学べるようにするためにも，学習計画や授業の流れをしっかりと児童と共有しながら進めていきたい。

全体構想

1　① 学習計画を立てる。
　② きつつきの文章を読み取る。
　③ おうむの文章を読み取る。
　④ はちどりの文章を読み取る。
2　⑤ 本で調べてクイズにするものを選ぶ。
　⑥ クイズをつくる。（本時）
　⑦ 班でクイズ大会をする。

学級活動「図書室へ行こう」
・図書室の使い方や役割を知る。

1年生国語科の説明的な文章の学習
・説明文に書いてある内容を読み取る。
・図鑑をつくる。

本時のねらい

● 本や図鑑の中の重要な語を考えて選び出すことができる。

● 本や図鑑を読み，分かったことを生かして進んでクイズをつくろうとしている。

実践のポイント

学びのつながりを感じられるような学習計画を立てる。

前時とのつながりを感じられるような学習計画や振り返りをし，その記録を蓄積する。

児童が自ら学びたいと思えるような活動を入れる。

・児童の興味・関心や実態に合わせて，学びを生かす時間をどう設定するかを考える。

・児童の実態に合った本の選書が重要である。図書館司書と連携し，図書室だけでなく公共図書館の団体貸し出しも活用すると，児童の実態に合った本を選ぶことができる。

展開 (6/7)

過程	学習活動と内容	指導上の配慮事項と評価 配慮事項 (○) キャリア教育の視点から見た重要なこと (◎) 評価 (☆)
導入	1 本時のめあてを知る。 くちばしの　くいずを　つくろう。	◎ 児童に今までの学習を想起させ，学びのつながりを実感できるようにする。
展開	2 クイズのつくり方を確認する。 ①鳥のくちばしのかたち ②問い ③答え ④くちばしの使い方 ⑤えさ 3 自分で選んだ鳥のクイズをつくる。 4 隣の友達にできた問題を出す。	○ 書き方の手順を確認する。 ○ 活動に困っている児童には，穴埋め形式のワークシートを渡す。 ☆ 本や図鑑を読み，分かったことを生かして進んでクイズをつくろうとしている。 ○ 友達とやり取りをすることで相手に伝わる文か確認できるようにする。
まとめ	5 振り返りをする。	◎ 学びの達成感や次回の活動への意欲へとつながるような発言に注目できるようにする。

《道徳科》基本的な生活習慣を身に付けさせる 〜合言葉は「やればできる」〜

主題名　じぶんでできるよ　A「節度，節制」

ねらい

自分ができることは，自分でしようとする心情を育てる。

本主題とキャリア教育

　子供は大きくなるについて，自分でできることがだんだんと増えていく。小学校入学をきっかけに，これまでやってもらっていたことを自分でやろうという気持ちをもたせることが自立への第一歩になる。身の回りの整理整頓などの基本的な生活習慣を見直すとともに，周囲に対する気配りや思いやりをもつことの大切さにも気付かせることが，将来，望ましい生活習慣を積極的に築き，自ら節度を守りながら生きていくことにつながっていく。

　キャリア教育における基礎的・汎用的能力の「自己理解・自己管理能力」には，自分が「できること」「意義を感じること」「したいこと」について，今後の可能性を含めた肯定的な自己理解に基づき，主体的に行動しながらも，ときには自分の思考や感情を律して行動することも含まれている。自尊感情や自己肯定感の低下が指摘される中で「やればできる」と考えて行動できる力とともに，変化の激しい社会で多様な他者と協働することも求められている。

　また，身近で働く人々に興味・関心をもたせることが，「キャリアプラニング能力」の基盤にもなる。"withコロナ"の時代が続くことが予想されることを踏まえ，医療従事者に触れることも，感謝の気持ちを育むことにつながっていくと思われる。

全体構想

〈学級活動〉　○係の仕事をやってみよう　○「大きくなったよ」発表会

〈道　徳　科〉（※関連教材）
学研教育みらい「ぼくのこと きみのこと」「みらいにむかって」
学校図書「おてつだいじまん」「がんばれポポ」　　　教育出版「きもちのよいせいかつ」「おふろばそうじ」
廣済堂あかつき「きょうもげんき」「にゃんたくんとみけちゃん」
光文書院「ちゃんとのたつじん」「一にち十ぷん」　　　東京書籍「きをつけて」「ぼくのしごと」
日本文教出版　「ゆうたのへんしん」「あとかたづけ」　　光村図書「きもちのよいせいかつ」「おふろそうじ」

〈生　活　科〉　　○自分の一日を見つめよう　　○自分でできることをしよう

本時のねらい

● 自分ができることは自分でしようとする気持ちをもつことができる。

● いろいろな立場によって考え方が変わることに気付くことができる。

実践のポイント

多様な考え方があることを通して，自らの成長を実感させる。

何でも言い合え，認め合える学級の雰囲気をつくるとともに，教師が受容的な姿勢をもつ。自分と異なった考え方に接する中で学習が深まっていくことを経験させる。

様々な立場や役割を踏まえて，「働くこと」の意義を深く考える。

お母さんの立場で考えさせたり，看護師の姿を連想させたりしながら，「働くこと」(生きること)への興味・関心をもたせ，「キャリアプランニング能力」の素地を育てる。

学習指導過程

過程	学習活動と内容	指導上の配慮事項と評価 配慮事項（○）　キャリア教育の視点から見た重要なこと（◎）　評価（☆）
導入	1　未来を想像する。	○ 本時は「未来」（30年後）について考えることを知らせ，どのような世界になっているかをイメージさせ，興味をもたせる。
展開	2　教材『子育てロボット』を読み，どちらのロボットを選ぶかを考える。 (1)「あなた」なら？ (2)「お母さん」なら？ (3)「看護ロボット」なら？ ※ 時間的余裕がなければ教師が簡単にふれる。	○ (1)～(3)の最初に，どちらを選ぶかを直感で決めさせる。 ○ 教材2～4行目では，今は男女関係なく，家族みんなで子育てする時代になっていることを補足する。 ○ A社のロボットを支持する意見が多く出ると思われるので，まずは共感する。 ☆ 選んだ理由も発表させ，様々な視点（子供の身体的状況や家庭環境など）から考えた意見を評価する。 ○ 児童がイメージしやすいように，「あなたを預けるとしたらお母さんはどちらを選ぶと思う」と問いかけ，子供を小学1年生に限定することで，自分の問題として考えさせる。 ◎ 自分でできることを考えさせることから，「自己理解・自己管理能力」の素地を育成する。 ○「子育て」から「看護」に視点を変えることで，考え方も大きく変わってくることに気付かせる。 ◎ 病院などで働く大人の様子を思い浮かべさせることで，身近で働く人々にも興味・関心をもたせる。その際，医療従事者への感謝の気持ちなどにふれてもよい。
終末	3　選んだ理由を振り返る。	☆ 再度「お母さん」の立場で意思表示をさせ，授業の途中で考え方が変わった児童には，それが成長（学び）であることを伝え，称賛する。 ○ 立場や状況によっていろいろな考え方があることに気付かせる。 ◎ 働く（生きる）ためには，人とのコミュニケーションや笑顔が大切であることをおさえる。

《生活科》　自己肯定感を高め，進級への意欲や希望へとつなげる

単元名　「自分の成長を実感しよう」

ねらい

　自分が成長したことや，自分の成長には多くの人々の支えがあったことに気付くととともに，それらの人々に感謝の気持ちをもち，新学年への意欲や希望をもつ。

本単元とキャリア教育

　第2学年の生活科で扱われる単元であり，「今までを振り返り，未来に向けて自分の目標を立てる」ことは，キャリア教育そのものである。本単元では，自分の成長を振り返り実感するかは，児童によって大きく異なる。よく覚えていることから振り返る児童もいれば，現在の自分から振り返る児童もいる。大切なのは自分の成長を実感できることであって，一律に過去から自分の成長をたどることではない。これはキャリア教育で身に付けさせたい基礎的・汎用的能力の「自己理解・自己管理能力」や「キャリアプランニング能力」と関係する。それとともに，家族，幼稚園や保育園の先生，1年生の時の担任の先生，友達など多くの人の支えがあって今の自分があることに気付くことで，それらの人々への感謝の気持ちをもたせる。また，自分の成長への実感とともに，インタビューした人からの言葉や友達からのメッセージによって，自分のよさを見付けられるようにする。これらの活動によって自己肯定感を高めることは，児童がこれからも頑張っていきたいという，進級に向けての意欲や希望へとつながる。

全体構想

```
1年〈学級活動〉
「1年間を振り返って」
・自分のめあてを基にできるようになったことや
　がんばったことについて振り返る。
```

```
3年〈学級活動〉
「3年生のめあて」
・3年生のなりたい自分について考える。
```

```
2年〈学級活動〉
「2年生のめあて」
・2年生のなりたい自分につ
　いて考える。
```

```
〈生活科〉
・今の自分のことを振り返ろう
・友達のすてきなところを見付けよう
・大きくなった自分のことを調べよう
・自分のことをまとめよう
・大きくなった自分のことを発表しよう
・ありがとうを伝えよう
・3年生にレッツゴー（本時）
```

```
2年〈算数科〉
「長さ」
・自分の体のさまざまなぶ
　んの長さを調べる。
```

```
2年〈図画工作科〉
「手形アート」
・自分の手形からイメージを
　広げて絵を描く。
```

```
2年〈道徳科〉
「家族愛」
・家族へ感謝の気持ち
　を伝える。
```

本時のねらい

● 幼少期や1年生の頃の自分と今の自分を比べることで自分の成長に気付くことができる。

● 進級に向けての意欲や希望をもとうとしている。

実践のポイント

保護者と連携する。

　事前に，保護者と単元のねらいを共通理解することで，保護者が児童に共感的に関わり，児童の自己肯定感を高めることにつながる。また，学校公開などを活用して，本単元の成果を共有する機会を設定すると，保護者は児童の成長に改めて気付いたり，教育活動への理解を深めたりすることもできる。児童の家庭環境にも十分配慮しながら進めたい。

「キャリア・パスポート」を活用する。

　「キャリア・パスポート」は児童の成長の縮図である。1年生のページを振り返ることで，児童は小さい頃と今だけでなく去年と今でもこんなに成長したということに気付き，3年生への意欲や希望が高まるはずである。また，この学習の成果物を「キャリア・パスポート」にファイリングすることで，更にその先にも学びがつながっていく。

展開

過程	学習活動と内容	指導上の配慮事項と評価 配慮事項（○）　キャリア教育の視点から見た重要なこと（◎）　評価（☆）
導入	1　本時の活動のめあてを確認する。 **3年生になったときの自分の姿を伝え合おう。**	
展開	2　3年生になった自分を発表する。 3　昔と比べて成長したこと，変わらないことについて書く。 4　友達の発表を聞いて，気付いたことを伝え合う。 5　2年生の残りの期間，頑張りたいことをワークシートに書く。	◎ 児童一人一人が目標としている3年生の姿をみんなで認め合えるようにする。 ○ 変わらず好きなこと，大切にしているものなどがあればそれも大事であることをおさえる。 ◎ 今の自分や昔の自分を見つめ，3年生ではどのような姿になりたいか，そのためにどのようなことを頑張っていきたいか考えさせる。 ○ 自分の目標を意識付けたり，友達も同じように3年生に向けて頑張ろうとしていることに気付かせたりする。
まとめ	6　本時の学習を振り返る。	☆ これからの成長に願いをもって，意欲的に学習や生活に取り組もうとしている。

学級活動（1）　自分たちで問題を解決していくことのよさを実感させる

議題名　「学級交流会をしよう」

ねらい

　話合い活動によって集団として合意形成をすることを通して，みんなで楽しい学校生活をつくることの大切さを理解する。

本議題とキャリア教育

　学級会とは，自分たちの学級や学校生活を自分たちでつくるために話し合い，問題を解決していく活動である。学級活動（1）の授業を通して，児童は生活上の諸問題を他者と協働して解決する力を身に付けたり，そのよさに気付いたりすることができるようになる。これらはキャリア教育で育てたい資質・能力の「課題解決能力」に大いに関係する。また学級会における話合い活動によって，多様な意見を生かして合意形成を図ることは，学校生活だけにとどまらず社会で生きていくためにとても大切な力である。

　低学年においては，課題を自分たちで見付けたり，めあてに沿って話し合い，合意形成をしたりする経験は少ない。そのために学級会における話合い活動の基礎から学び，その経験を積み重ねていくことが大切である。児童が自分たちでできるようになるまでの初期段階においては，課題発見や話合いの進行を教師が助言したり，称賛したりすることで児童が安心して活動に取り組めたり，話合い活動のよさを実感したりすることにつながる。このような経験を積み重ねていくことが「活動を通して身に付けたことを生かし，学級や学校における人間関係をよりよく形成し，他者と協働しながら日常生活の向上を図ろうとすること」につながり，クラブ活動，委員会活動などの児童の自治的活動へも発展していく。

全体構想

〈学級活動〉
「クラスのめあて」
・クラスのめあてを話し合う。

↓

〈学級活動（1）〉
「みんなと仲よくなるクラス遊びを考えよう」
・休み時間のクラス遊びを考える。

事前指導
1　学級会ノートで議題，提案理由，話合いのめあて，決まっていること，話し合うことを確認する。
2　話し合うことについての自分の意見を，理由を付けて学級会ノートに書く。
3　提案するものの一覧を見て，ルールが不明確なものを明確にしておく。
4　司会グループの役割分担をし，本時での話合いの進め方を確認する。

〈学級活動（1）〉
「学級交流会をしよう」
・2学期最後の学級交流会の遊びや必要な役割を話し合って決める。

〈集会〉
「学級交流会」
・2学期最後の学級交流会を仲よく楽しむ。
・会を振り返る。

事後指導
決まった役割ごとに協力して，集会の準備をする。

〈学級活動（3）〉
「○年生に向けて」
・クラスのめあてや自分のめあての実現状況を振り返り，次の学年に向けて自分が頑張ることを決める。

本時のねらい

● 話合い活動によって集団として合意形成をすることを通して，みんなで楽しい学校生活をつくることの大切さを理解している。

実践のポイント

学級会ノートを活用する。

自分の意見をもって学級会に臨めるように，提案理由に沿った意見であるか事前に指導しておく。

司会グループに事前指導する。

安心して進行できるように司会台本を用意し，司会グループの児童と打合せをする。

教師が助言や称賛をする。

低学年段階では，司会進行や合意形成が難しい場面が多い。教師が助言や称賛することによって，児童が自信をもって司会をしたり，話合い活動の価値に気付いたりすることにつながる。

展開

学習活動と内容	指導上の配慮事項と評価 配慮事項（○）　キャリア教育の視点から見た重要なこと（◎）　評価（☆）
1　はじめの言葉。 2　司会グループの紹介をする。 3　議題，提案理由，話合いのめあての確認をする。 【議題】「学級交流会をしよう。」 【提案理由】「みんなで仲よく協力することでもっと仲よくなりたいから。」 【話合いのめあて】「友達の意見の理由を聞いて，仲よく協力できる遊びを決めよう。」 4　決まっていることの確認 【決まっていること】 「時間：20分　場所：体育館 遊び：1つ　条件：力を合わせないとできないこと」 5　話し合うこと①②について話し合う。 　①「どんな遊びをしたらよいか。」 　②「必要な役割を決めよう。」 6　決まったことの確認をする。 7　話合いの振り返りをする。 8　教師の話を聞く。 9　終わりの言葉を述べる。	○ 司会グループと，事前に進め方を打合せておく。 ○ 話合い活動の仕方・進め方を学び，学級活動の価値を実感することをねらいとし，実態に応じて教師が学習活動（左記2，3）に関与する。 ○ 事前の活動で学級会ノートに自分の意見と理由を記入するように指導する。 ○ 様々な場面を想定した言葉を司会台本に載せておき，必要に応じて教師がどの言葉を使うとよいか助言する。 ◎ 児童が相手の考えを受け止めながら合意形成できるようにする。 ☆ 学級の一員として，よりよい学級づくりのために自分の考えを発表している。（発言） ◎ 提案理由に沿った意見や合意形成に貢献した意見，司会グループを褒めることで，学級会の成果や価値を実感できるようにする。

《音楽科》　学びと学び，学びと自分たちの生活をつなげる

題材名　「せいかつの中にある音を楽しもう」

ねらい

　身の回りにある多様な音の特徴などについて，それらが生み出す面白さなどと関わらせて気付くとともに，音を声で表現したり，友達と音楽をつくったりする活動を通して，音楽づくりの発想を得ることができるようにし，生活の中の音に興味・関心をもつ。

本題材とキャリア教育

　本題材は，生活の中で聞こえる音に着目させることによって，音楽と生活とのつながりに気付かせることができる。また，友達と音楽をつくっていく過程で児童同士のつながりを感じられるようにすることもできる。これらは，「キャリアプランニング能力」や「人間関係形成・社会形成能力」を育むことにもつながる。

　また，この題材は1年生の音楽科「みのまわりのおとにみみをすまそう」や国語科「雨のうた」で学習するオノマトペとも関連があり，音楽科の縦のつながり，国語科との教科横断的な横のつながりといった学びと学びのつながりにも気付かせることができる。本題材では，私たちの生活と音楽をつなげることによって，音に対する興味・関心を広げることや，児童の自由な発想を生かして表現することの楽しさを味わうことを大切にしたい。そして，音さがしや音づくりを通して，学びと自分たちの生活とのつながりに気付くことで学ぶことの意義，面白さを実感させ，学びへの意欲や探求心を高めていきたい。

全体構想

```
┌─────────────────────────────┐
│ 1年生〈音楽科〉              │
│                             │      ┌──────────────────────────────┐
│ ・身の回りの音に興味・関心を │      │ 2年生〈音楽科〉               │
│ もち，音を探したり，即興的な │ ⇒   │                              │
│ 音遊びをしたりする。         │      │ ・音探しをする。              │
└─────────────────────────────┘      │ ・見付けた音を声の出し方を工夫│
                                      │  して伝える。                 │
┌─────────────────────────────┐      │ ・グループで音を組み合わせて音│
│ 2年生〈国語科〉              │      │  楽をつくる。                 │
│                             │ ⇒   │ ・グループでつくった音楽を友達│
│ ・詩に書かれていることをイメー│      │  に伝わるように工夫して発表す │
│ ジしながら読む。             │      │  る。                        │
└─────────────────────────────┘      └──────────────────────────────┘
                                                    ⇓
                                      ┌──────────────────────────────┐
                                      │ 〈国語科〉                    │
                                      │                              │
                                      │ ・様々な音を自分の言葉で表現す│
                                      │  る。（オノマトペ）           │
                                      └──────────────────────────────┘
```

本時のねらい

● 身の回りにある多様な音に興味・関心を広げ，これからの学習への意欲をもとうとしている。

実践のポイント

音ノートで日常的に音集めをする。

　夏休みは，海や山遊び，花火大会など夏特有の体験ができるので，音集めに最適である。夏休み前に導入を行い，体験的な活動で多くの音に出会う機会に，より多くの音を意識するよう課題を与えておくと効果的である。また，生活科の季節の物を探す活動でも音探しを取り入れ，タブレット端末に音声や動画で記録したり，音ノートという形式で児童が見付けた時に自由にメモしたり，それらを皆で共有したりできる環境をつくっておくとよい。

例示したり，友達のよさに着目させたりする。

　反復の仕方や声の重ね方，音の高さや長さを変えるなど，まずは全体で例示してどのようにつくっていくとよいかを確認する。友達のよいアイデアを共有したり，褒めたりする場面を設けることで，児童の表現力や音づくりへの意欲を高めたい。

展開

過程	学習活動と内容	指導上の配慮事項と評価 配慮事項（○）　キャリア教育の視点から見た重要なこと（◎）　評価（☆）
導入	1　おとおとタイム 　　聞こえる音を自分の言葉で表現する。 　　例：雨の音 2　本時のめあてを確認する。	○ おとおとタイムを通して日常的に音に親しむ経験を積み重ねる。音ノートの指導を事前にしておく。 ◎ 国語科や生活科と関連付け，同じ雨でも様々な聞こえ方がすること，身の回りには様々な音があることに着目させる。
	<div style="text-align:center">**みのまわりの音を　こえで　ひょうげんしよう。**</div>	
展開	3　校庭で音探しをする。 4　見付けた音を発表する。 　　車，風の音，生き物の鳴き声等 5　題材の目標や学習計画を確認する。 【学しゅうけいかく】 ①音をさがす ②音楽づくりをする ③はっぴょうする	○ 生活班で音探しをし，見付けた音を音ノートに記入させる。 ○ 音を紹介し合い，反復の仕方，声の重ね方，音の高さや長さなどの視点を与え，よさや面白さを共有する。 ○ 様々な音や多様な表現方法があることに気付かせ，もっと探したいという意欲につなげる。 ☆ 身の回りの様々な音の特徴について，それらが生み出す面白さなどと関わらせて気付いている。 ◎ 本題材のゴール（発表会）を示し，そのために必要なことを児童と確認し，学習計画を立てることで学習意欲や見通しをもたせる。
まとめ	6　本時を振り返る。 　　・身の回りの様々な音への気付き，関心，表現することの楽しさ，これからの学習への意欲等	○ ねらいに即した振り返りをしている児童の感想を全体で共有することで，本時のねらいをより一層意識させる。

《体育科》友達との関わりを通して，多角的なものの見方を育む

単元名　「表現リズム遊び」（表現遊び）

ねらい

● 表現遊びの楽しさに触れ，その行い方を知ることができる。

● いろいろな虫の特徴や様子を捉え，そのものになりきって全身で踊ることができる。

● いろいろな虫の特徴を捉え，自分がなりたい虫のいろいろな動きを工夫することができる。

● よい動きを見付けたり，考えたりしたことを友達に伝えることができる。

● 表現遊びに進んで取組み，誰とでも仲よく踊ることができる。

本単元とキャリア教育

　教科の特性を生かした単元構想の中に，キャリア教育で育てたい力を明確に位置付けておくことが大切である。

　本実践は，まず虫になりきっていろいろな動きを自由に表現させる。そして，同じ虫同士で交流させ，同じ虫を選んだ人でも自分と違う動きをしていることに気付かせる。そのような活動の中で，児童は自分の気付かなかった新たな視点に気付くことができる。このような活動を単元の中で繰り返し行うことで物事を多面的・多角的に捉える力を育むことができるようになる。また，友達のよさを認めたり，アドバイスしたりし，自己肯定感・自己有用感を高めることは，キャリア教育で育てたい力につながる。

全体構想

自分のよさ・友達のよさに
気付かせるには

むしになって（全5時間）

同じ虫でも動きが違うことに
気付かせるには

ねらい1（2時間）【本時】
カードに書いてある虫になって踊ろう。

ねらい2（2時間）
好きな虫でお話（「はじめ」「なか」「おわり」）を作って踊ろう。

・ペアグループでアドバイスをする。
・できた作品を見せ合い，どのような話かを当てたり，よいところを見付け合ったりする。

・同じ虫でも人によって異なる動きをしていることに気付くことができるよう場の設定を工夫する。

〈道徳科〉
・友達の気持ちを考え，仲よく助け合っていこうとする心情を育てる。

・友達のよさに気付き，友達と仲よくしていこうとする心情を育てる。

「○○学校の虫たち」
発表会をしよう
（1時間）

〈生活科〉
・生き物と関わることを通して，生き物の様子に関心をもち，生き物と仲よしになりたいという思いをもつ。

本時のねらい

● いろいろな虫の特徴や様子を捉え，そのものになりきって全身で踊ることができる。

● よい動きを見付けたり，考えたりしたことを友達に伝えることができる。

実践のポイント

友達との関わりを大切にする。

　この実践では，物事を多角的に捉える力を身に付けさせるために，友達との関わりをたくさん設定している。意図的にグループをつくり，活動の中に数回の関わり合いの場を設定することで，同じ虫を選んだ人でも違う動きをしていたり，違う虫を選んでも同じ動きをしていたりすることに気付かせ，物事を多角的に捉えることができるようにする。また，その見付けた動きを動画や写真に撮り，自分の動きを確かめたり，友達の動きと比べたりすることで，学習の深まりが一層期待できる。

学級づくりが基盤。

　安心して自分の考えを表現できるように，普段から友達のよさを認め合い，高め合える学級づくりを行う。

展開 （2/5）

過程	学習活動と内容	指導上の配慮事項と評価 配慮事項（○）　キャリア教育の視点から見た重要なこと（◎）　評価（☆）
導入	1　学習のねらいと進め方を知る。	◎ 前時で友達のよさに気付いていた児童の振り返りを紹介し，本時も互いのよさに気付くことができるようにする。（多角的な捉え方をしていた児童を意図的に取り上げるようにする） **いろいろなむしになって　そのむしにあううごきを　かんがえよう**
展開	2　カードをめくり，そのカードに書いてある虫になって踊る。 3　同じ虫の人でグループになり，踊りを見せ合う。	○ いろいろな虫の写真を掲示しておくことで，虫の動きのイメージを広げられるようにする。 ○ カードは裏に向けて，ばらばらに床に広げることで，自らの選んだ虫の動きを行うのではなく，いろいろな虫の模倣を楽しむことができ，また表を向けるまで虫が分からないことから，即興的な踊りを求めることができる。 ○ 動きに合う言葉（ニョロニョロ，フワフワ）を考えさせることで，動作を考えやすくする。 ◎ 同じ虫を選んだ人同士で見せ合う場を設定することで，気付かなかった虫の特徴や様子に気付くことができるようにする。 ☆ 虫の特徴や様子を捉え，そのものになりきって全身で踊っている。
まとめ	4　本時の振り返りをする。	◎ 互いのよさを認め合うことで，友達と共に運動することの楽しさや関わりの大切さに気付くことができるようにする。 ☆ よい動きを見付けたり，考えたりしたことを友達に伝えている。

《学級活動（3）》　低学年から育む望ましい勤労観・職業観

題材　「きれいなきょうしつ」

ねらい

　清掃活動の現状と課題に気付くとともに，清掃することの意義を知り，自分たちの教室を自分たちの力できれいにするためのよりよい方法について考え，日常の活動の中で実践することができるようにする。

本題材とキャリア教育

　日々の学校生活における清掃活動をはじめとする当番活動は，キャリア教育で身に付けさせたい基礎的・汎用的能力と深い関係がある。低学年では，みんなのために働くことを楽しく感じている児童が多くいる。その実態を生かして，低学年のうちから所属する集団やみんなのために一生懸命働いたり，責任を果たしたりする経験を積み重ね，その大切さや意義を理解させていくことは，望ましい勤労観・職業観を育て，社会性の育成を図ることにつながる。

　まずは，事前アンケートで清掃活動の現状と課題をつかむ。次に，掃除名人である6年生や管理用務員さんにインタビューをしておき，課題解決に向けた話合いへとつなげていく。そして，話合いで考えた掃除名人になるための方法を基に，個人目標（意思決定）を立てさせる。

　集団の役に立つために働くという社会参画への意識を醸成することや，働く意義を理解することは，キャリア教育で身に付けさせたい大切な力だからこそ，意思決定だけにとどまらず，実践の場での意欲や態度に結びつけることができるように，特別活動を要として，年間を通して意図的・計画的・継続的に取り組んでいくことが大切である。

全体構想

〈事前アンケート〉
「おそうじをふりかえってみよう」
掃除の仕方を自分で振り返る。

〈事前インタビュー〉
「おそうじめいじんにきいてみよう」
6年生や管理用務員さんに「掃除」についてインタビューをし，掃除をする意義や仕方について知る。

〈道徳科〉
A(5) 自分のやるべき勉強や仕事をしっかりと行う。
B(9) 友達と仲よくし，助け合う。
C(12) 働くことのよさを知り，みんなのために働く。

＜本実践＞
学級活動(3)
「イ　社会参画意識の醸成や働くことの意義の理解」
○ よりよい清掃活動ができるよう課題を見い出し，解決のために話し合って意思決定し，自己のよさを生かしたり，他者と協力したりして，主体的に活動することができるようにする。

〈当番活動〉
・日直
・給食当番
・飼育栽培活動
・掃除当番
　　　……等

日々の清掃活動の中で，実践力を高めるための指導を継続する。
○ 帰りの会やワークシートで，自己評価・相互評価により意思決定した実践内容を振り返らせ，実践の継続を図るようにする。

本時のねらい

● なぜ清掃活動をするのかを考えることを通して，教室がきれいになると気持ちがよいこと，働くことのよさややりがいに気付くことができる。

● 日常の清掃活動に意欲的に取り組もうとしている。

実践のポイント

四つの段階の思考過程を重視し，視野を広げる。

「つかむ」「さぐる」「見つける」「決める」の四つの段階の思考過程を重視し，児童の成長やよさを認め合ったり，話合い活動の場を設けたりすることで，個々の考えや可能性を広げ，強い意志をもって実践できるようにする。

実践の場での意欲や態度に結び付ける。

帰りの会などを活用して，互いのがんばりを認め合ったり，励まし合ったりするなど，継続的に指導していく。

展開

過程	学習活動と内容	指導上の配慮事項と評価 配慮事項（○） キャリア教育の視点から見た重要なこと（◎） 評価（☆）
導入	**つかむ** 1　問題を共有する。 おそうじ名人に　なるために　がんばることを　きめよう。	○ 問題をつかみやすくするために，事前アンケートや動画や写真を活用する。 動画や写真を見ることで，自分たちのこれまでの活動を客観的に捉えやすくなる。
展開	**さぐる** 2　管理用務員さんのインタビューから，掃除をする意義について考える。 **見つける** 3　おそうじ名人になるためにできることを話し合う。	◎ 管理用務員さんに，「どうして掃除をするのか」「掃除を終えた後はどんな気持ちか」「何に気を付けて掃除をしているのか」等を話してもらうことで，掃除をする意義がやりがいについて考えられるようにする。 ◎ 小グループでの話合いを通して，考えを広げられるようにする。 そうじの仕方やスキルだけでなく，友達と協力することでもっと上手に掃除ができることや時間を守って掃除することの大切さにも気付くことができるようにする。
まとめ	**きめる** 4　「おそうじ名人」になるために自分ががんばることをカードに書く。	☆ おそうじ名人になるために，自分が頑張ることを決めて，がんばりカードに書いている。（カード） ◎ がんばりカードに書いたことを発表し合うことで，実践意欲を高めるとともに，励ましの声をかけるなどして，互いの意思決定を認め合うようにする。 ◎ がんばりカードは，教室に掲示しておき，帰りの会で自己評価させたり，相互評価させたりし，実践意欲の継続につなげる。

《学校行事》異学年交流を通して，自己肯定感・自己有用感を高める

遠足・集団宿泊的行事　「なかよし遠足」

ねらい

　1年生のことを考えて行動することの大切さや，みんなと力を合わせることの楽しさに気付くことができる。

学校行事とキャリア教育

　学校行事は，児童の自主的，実践的な態度を育てることができる。だからこそ，各教科等との関連(カリキュラム・マネジメント)を図りながら，効果的に進めることが大切である。

　本実践例では，行事と生活科を関連付け，1年間同じペアで異学年交流に取り組んだものである。1年生は2年生をよきモデルとして捉え目標にして活動する。2年生は憧れの先輩として，よきモデルを示そうと思いやりの心をもって接しようとする。2年生のそのような行動は，一人一人の活動意欲を高め，より自立性の高い行動につながっていく。そして，そのような体験をたくさん積み重ねることで，2年生は自信を付け，自己肯定感・自己有用感を高めることができる。

　この他にも異学年齢交流には，キャリア教育の要素がたくさん散りばめられている。例えば，異学年の仲間とコミュニケーションをとることで「人間関係形成能力」を，また，自分のよさを生かして役割を果たし，みんなの役に立つことで「自己理解能力」を，更に，見通しをもって活動したり，困難に立ち向かったりすることで「課題対応能力」を育むことができる。このような視点をもって指導することで，基礎的・汎用的能力を身に付けさせることができる。

全体構想

《生活科》
◇第1回たんぽぽ集会「1年生となかよくなろう」【4月】
・ペアの友達と自己紹介をし合う。
・簡単なゲームを通して更に仲を深める。
◇第2回たんぽぽ集会「1年生ともっとなかよくなろう」【5月】
・学校を案内する。
◇第3回たんぽぽ集会「1年生ともっともっとなかよくなろう」【10月】
・グループごとにもっと仲よくなるためのめあてを考える。

《学校行事》
「えんそくへ　れっつごう!!」【10月】
・グループごとに，ウォークラリーをしながら動物園を回る。

《事後指導》【本時】
「なかよしえん足をふりかえろう」【10月】
・遠足を通してがんばったことや今後に生かせそうなことを振り返る。

《学級活動》
「1年生ともっともっとなかよくなろう」【9月】
・なかよし遠足の計画を立てる。

《国語科》
「ことばでみちあんない」【9月】
・曲がるところや方向，目印になるものを，はっきりと言う。

《国語科》
「どうぶつ園のじゅうい」【9月】
・読んで分かったことと，自分の知っていることを比べる。

1年生が主体の集会

《生活科》
第4回たんぽぽ集会
「かんしゃのきもちをつたえよう」【2月】
・2年生に感謝の気持ちを伝え，プレゼントを渡す。

ねらい

● これまでの活動を振り返り, できるようになったことやこれからに生かせそうなことを考えることができる。

実践のポイント

事前指導で児童の意欲を高める。

　学校行事を通して, 育てたい資質・能力をしっかりと身に付けさせるためには, 事前指導・事後指導がとても大切である。事前指導では, 何のために活動するのかねらいを明確に伝える。そして, 学校行事を通してどのような力を付ければよいのか共有する。その際には活動内容を伝え, どのような力を身に付けたいのか児童自身が考える時間もつくり, 児童が意欲をもって主体的に活動できるようにする。

事後指導（振り返り）で児童の自己肯定感・自己有用感を高める。

　事前に立てたみんなの目標やなりたい自分の姿にどれだけ近づけたのか, 何を学んだのか, この体験を次の学習にどう生かすかなど, 振り返る視点をしっかりと児童に示すようにする。最後に, 第1回のたんぽぽ集会から書きためておいたワークシートを見直すことで, 振り返りがより具体的なものになり, 自己の成長を実感することができる。「キャリア・パスポート」にポートフォリオとしてファイリングすることで, 更にその先にも学びがつながる。

事後指導における展開

過程	学習活動と内容	指導上の配慮事項と評価 配慮事項（○）　キャリア教育の視点から見た重要なこと（◎）　評価（☆）
導入	1　今日のめあてを確認する。 「なかよし遠足」や「たんぽぽ集会」をふりかえり, できるようになったことや次にいかしたいことを考えよう。	
展開	2　写真やワークシートでこれまでの活動を振り返る。 3　できるようなったことや成長したこと, これからに生かしていきたいことをワークシートにまとめる。	◎ 1年生の憧れや感謝の思いを伝えることで, 自分たちの行動が1年生のよいモデルになっていることに気付くことができるようにする。 ○ 第1回の「たんぽぽ集会」からの様子と「なかよし遠足」の様子を写真で紹介し,「優しく」「1年生に合わせて」「顔をよく観察して」など, できるようになったこともキーワードとして黒板に提示することで, 振り返りに生かせるようにする。 ○ 手が止まっている児童には, 同じグループで活動した友達に尋ねるよう促したり, 同じグループの1年生のワークシートに書かれていることを紹介したりして, 自己の成長に気付くことができるようにする。
まとめ	4　振り返りを友達とする。 下級生のことを考えて行動することの大切さやみんなと力を合わせることの楽しさにも気付けるようにする。	◎ 互いの成長を認め合ったり, 自分が気付いてない成長を教えてもらったりすることで, 自己肯定感・自己有用感を高めることができるようにする。 ☆ 遠足やたんぽぽ集会を通してできるようになったことやこれからに生かせそうなことをワークシートに書いている。 （ワークシート）

中学年

　小学校中学年におけるキャリア発達課題を達成していくためには，「友達と協力して活動する中で関わりを深める」「自分のよさを発揮し，役割を自覚する」という視点が大切である。ここでは，「四つの能力」ごとに，実践するに当たってのポイントをまとめてみる。

【人間関係形成・社会形成能力】

　低学年段階で個の学校生活への適応を果たした児童は，集団で物事に取り組もうとする姿が見られる。そのような姿を生かしながら，友達づくりや集団の結束づくりを大事にしたい。

　中学年では，当番活動や清掃，異学年集団活動など，学校生活の様々な場面において，自分たちできまりをつくって守る姿を育てる必要がある。きまりを守ることで，周囲から認められ，集団の結束力も高まる。

　また，児童会活動やクラブ活動，学校行事，地域の人々との交流などを通して協力し合える人間関係を築く態度を育む必要がある。

《活動のねらい（身に付けさせたい力）》

● 友達のよいところを認め励まし合う。
● 自分の生活を支えている人に感謝する。
● 他者とのコミュニケーションの機会を増やし，感謝の心を育む。
　（3年国語「役わりに応じて話し合い，意見をまとめよう」）
　（4年図画工作「絵本をつくろう」）

● 互いの役割や役割分担の必要性が分かる。

【自己理解・自己管理能力】

　中学年の時期は，日常生活において，日直や係，朝の会や帰りの会などの中で，自分の仕事に対して責任を感じ，最後までやり遂げる姿勢を培ったり，自分のやりたいことやよいと思うことなどを考えて進んで取り組む姿勢を育んだりすることが大切である。

　特別活動では，自発的な活動への欲求の高まりなどを積極的に生かし，特に学級活動では，話合い活動を通して，集団思考の後に意思決定をすることにより，集団における自分の存在を認識し，自分のよさや集団における役割を自覚させたい。

《活動のねらい（身に付けさせたい力）》

● 自分のよいところを見付ける。
● 係や当番活動に積極的に関わる。
● してはいけないことが分かり，自制する。
● 自分の生活を見直し，よりよく生きることについて考える。
　（3年学級活動「これまでの力をつなげて，目標を決めよう」）
　（4年体育「体の発育・発達」）

● 働くことの楽しさが分かる。

【課題対応能力】

　児童が毎日の生活の中で直面する様々な課題を解決するためには，これまでの経験を生かしたり，他者と話し合ったりしながら，よりよい解決方法を見いだすことが大切である。

　また，話合いにおいては，自他の見方・考え方のよさに気付かせながらよりよい考え方を見いだすことができるようにすることが必要である。

　また，仲間と協力して課題が解決できたという経験は，みんなで活動することの意義やよさを実感する瞬間であり，中学年の児童のキャリア発達を促す上で重要である。

《活動のねらい（身に付けさせたい力）》
- 自分の意見や気持ちを分かりやすく表現する。
- 友達の気持ちや考えを理解しようとする
- 友達と協力して学習や活動に取り組む。
　（3・4年学級活動「クラスみんなが楽しい係を考えよう」
- みんなで話し合い，よりよい解決方法を見いだす。（3年算数「あまりのあるわり算」）

【キャリアプランニング能力】

　中学年の時期は，学ぶことの意義と自己実現とのつながりを理解することがなかなか難しい。そのため，学習することの楽しさや価値に気付き，学習の見通しや振り返りの大切さを理解できるようにするなど，学ぶことが将来の自己実現にどうつながっていくのかについて考えさせ，主体的に学習することができるようにすることが大切である。

　そのためには，自分のよいところに気付き，将来の夢や希望をもてるようにする指導はもちろん，各教科等の学習が日常生活や将来の生き方と関連していることに気付く活動を積極的に設ける必要がある。

　特に「キャリア・パスポート」は，これまで自分にどのような力が付いたのかを見直したり，将来の自分を具体的にイメージできたりするなどの効果が期待できる。

　また，地域の人々の暮らしや生き方を学ぶ機会や地域の人々との協働的な体験活動も取り入れながら，色々な職業や生き方があることや互いの役割，役割分担の必要性も理解できるようにする。

《活動のねらい（身に付けさせたい力）》
- 自分の仕事に対して責任を感じ，最後までやり通そうとする。
- 計画づくりの必要性に気付き，作業の手順が分かる。
- 将来の夢や希望をもつ。
　（4年学級活動「なりたい自分をめざして，家庭学習の計画を立てよう」）
- 身近な人々に感謝の気持ちをもち，今後の生き方について考える。
　（3年総合的な学習の時間「地域社会を支える様々な職業や機関と関わり，今後の生き方について考える）

《国語科》役割を果たしながら話し合い，グループで合意形成をはかる

単元名　「役わりに応じて話し合い，意見をまとめよう」

ねらい

話合いの役割を決め，進め方を確かめる。

◎「話すこと・聞くこと」において，目的や進め方を確認し，司会などの役割を果たしながら話し合い，互いの意見の共通点や相違点に着目して，考えをまとめることができる。

●「話すこと・聞くこと」において，目的を意識して，日常生活の中から話題を決め，集めた材料を比較したり分類したりして，伝え合うために必要な事柄を選ぶことができる。

本単元とキャリア教育

　本実践は，「1年生に読み聞かせをする本を決めよう」という目的意識や相手意識がもちやすく，具体的な配慮といった，合意形成に至るための観点が分かりやすい話題を設定し，グループでの合意形成を目指した話合いについて学習する。

　人間と人間との関係の中で，互いの立場や考えを尊重し，言語を通して適切に表現したり，正確に理解したりするという「伝え合う力」を身に付けることで，特別活動において，よりよい生活や人間関係を築いたり，集団としての意見をまとめたりするための話合い活動を実践で活用することができるようになる。自分の意見や気持ちを分かりやすく表現し，友達の気持ちや考えを理解しようとすることで，コミュニケーション能力を高めることができる。

全体構想

主な学習活動
1　学習課題を設定し，学習計画を立てる。 　・「役割に応じて話し合い，1年生に読み聞かせをする絵本を決めよう。」という学習のめあてを確かめ，学習の進め方を確かめる。 2　話合いの目的と決めることを確かめ，自分の意見をもつ。
3　班の中で役割を決め，手本となる話合いのCDや映像を見て，話合いの進め方を確かめる。 4　班ごとに話合いの計画をたてる。
5　班ごとに話し合う。(本時) 　・目的や進め方を確認し，それぞれの役割を果たしながら，互いの意見の共通点や相違点に着目して意見をまとめる。 　・考えを出し合う話合い→考えをまとめる話合い
6　班ごとに話合いの結果や様子を報告し，読み聞かせの練習をする。 7　1年生に読み聞かせに行く。
8　単元の学習を振り返る。

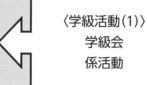

〈学級活動(1)〉
学級会
係活動

本時のねらい

●目的や進め方を確認し，それぞれの役割を果たしながら，互いの意見の共通点や相違点に着目して意見をまとめることができる。

実践のポイント

発言に対して，反応しながら聞けるように普段から心掛けるように指導する。

　対話は，情報や気持ちを伝え合うことで，知識や経験を共有し，お互いの関係性を深めるものである。学校生活の中で，児童同士の対話を意識的に取り入れることで，児童の対話力が向上し，クラス内の人間関係を豊かなものにする。授業の中で，ペアやグループで話合いをさせることで学びも深くなる。また，発言の仕方だけでなく，聞いている人は「なるほど。」，「いいね。」などの相づちを打ちながら聞けるようにするなど，友達の発言に対しては，必ず自分の考えを述べる習慣が付くと話合いが更に深まる。

展開（5/8）

過程	学習活動と内容	指導上の配慮事項と評価 配慮事項（○）　キャリア教育の視点から見た重要なこと（◎）　評価（☆）
導入	1　前時の学習を振り返る。 2　本時の学習のめあてを確かめる。 **役わりに応じて話し合い，グループの考え方をまとめよう。**	○　本時までに確かめてきた，話合いの目的や役割，進め方などをノート等で確認させる。 ○　司会の言葉を確認する。
展開	3　班で話し合う。 T：班での話合いを始めましょう。まずは，10分間でそれぞれの考えと理由を出し合います。次の20分で，読み聞かせする本を一冊に決めましょう。 〈話合いの手順〉 　①あいさつ 　②役割の確認 　③議案・提案理由 　④目的の確認 　⑤話合い 　⑥話合いをまとめる。 4　話合いの仕方でよかったところやうまくいかなかったところを伝え合う。	○　話合いの目的と進め方を確かめる。 【目的】「一年生が本をすきになってくれるような，読み聞かせをする。」 【条件】「五分で読める本から目的に合うものをえらぶ。」 ○　友達の意見と同じところと違うところをはっきりさせ，分からないことは質問する。 ○　最後に，決まったことを確認する。 ◎　グループでの合意形成を目指した話合いについて学習し，司会などの役割を果たしながら話し合い，互いの共通点や相違点に着目して考えをまとめる力を身に付ける。 ☆　自分の役割や進め方を意識しながら話し合い，共通点や相違点に着目して考えをまとめている。
まとめ	5　本時の学習を振り返る。	○　振り返りを数人に発表させる。その時には，手を止め，顔を見て聞くようにする。

《算数科》　既習事項の活用と他者との対話を通して，課題を解決する力を育てる

単元名　あまりのあるわり算

ねらい

● 既習を活用して，除数と商が共に1位数である除法の計算が確実にできるようにする。
● 割り切れない場合の除法の計算の意味や計算の仕方等についての理解を深めることができるようにする。

本単元とキャリア教育

　この事例は，児童の実態として「学びがつながらず」「あきらめが早い」という課題を想定している。私たちが毎日の生活の中で直面する様々な課題を解決するためには，これまでの経験を生かしたり他者と話し合ったりしながら，よりよい解決方法を見いだすことが大切である。そこで，本実践は，「課題対応能力」の育成に焦点化し，乗法や除法に関する既習事項を生かしながら粘り強く考えることを通して，課題が解決できたという経験を積むことができるようにすることを目指す。あわせて，話合いにおいては，自他の考えのよさに気付かせながら，よりよい考えを見いだすことができるようにする。仲間と協力して課題が解決できたという経験は，みんなで学習することの意義やよさを実感する瞬間であり，中学年児童のキャリア発達を促す上でも大切なものとなる。

全体構想

時数	主な学習活動
2	○ 余りがある場合でも除法を用いてよいことを考える。
1	○ 余りがある場合の除法の式の表し方等を知る。
1	○ 等分除の場面についても除法が適用できるかを考える。
1	○ 答えの確かめ方を知る。
2 (本時)	○ 日常生活の場面に当てはめて，商と余りについて考える。
3	○ 学習内容を適用して除法の問題を考えたり解決し合ったりする。

道徳科
「希望と勇気，努力と強い意志」

　自分でやろうと決めた目標に向かって，強い意志をもち，粘り強くやり抜く態度を育てる。

本時のねらい

● 既習事項が本時の課題解決につながっていることを理解している。

● 課題解決に向けて他者と協力して粘り強く取り組むことができる。

実践のポイント

「キャリア・パスポート」や児童ノート等を活用して，学びの価値を深める言葉をかける。

「苦手な算数をあきらめないでがんばる」という目標を立てた児童が，図や言葉を使って自分の考えを書きながら，課題解決のために真剣に考えていたら，「やり遂げようとがんばっているね。」と言葉をかけたいものである。授業終末の振り返りでノートに「最初は5箱だと思っていたけれど，友達の考えを聞いたら6箱だと分かった。」と書いた児童の姿を見取ったら，「友達の考えのいいところを見付けられるところは，あなたのよさですね。」と言葉をかけたい。児童一人一人への丁寧な言葉かけを通して，児童が学びの価値に気付くことができるようにしたい。

展開（7/10）

過程	学習活動と内容	指導上の配慮事項と評価 配慮事項（○）　キャリア教育の視点から見た重要なこと（◎）　評価（☆）
導入	1　問題場面を知る。 ケーキが23こあります。1箱に4このケーキを入れていきます。全部のケーキを入れるには，箱は，何箱あればよいですか。 式　23÷4＝5…3 答え　5箱…。　　6箱…。 2　本時の課題を確認する。 **答えはどうなるのだろうか。**	○ 問題場面から，包含除であることを確認する。 ○ 求めるものはケーキを入れる箱の数であることを確認し，余りに着目することで課題解決への見通しをもつことができるようにする。
展開	3　課題を解決する。 （1）自分で考える。 　・図や半具体物等を使って考える。 　・自分の考えを式や言葉，図で表す。 （2）ペアや全体で話し合う。 　・商が5だから答えは5箱になると思う。 　・5箱だと3こ余ってしまうから，6箱必要になると思う。	○ 考えの根拠を図や半具体物等を使って考えさせることを通して，筋道立てて考えることができるようにする。 ◎ 既習を生かして粘り強く考えている姿を見取り，言葉をかけたり，称賛したりする。 ◎ ペアや全体での話合いを通して，自他の考えのよさに気付いたり，商と余りの関係についての理解を深めたりできるようにする。
まとめ	4　本時の学習を振り返る。 （1）まとめる。 答えは，あまりの分も考えて，商に1をたす。 （2）適用問題に取り組む。 （3）振り返りを書く。	○ 本時の振り返りをノートに書くことを通して，既習事項を生かして考え，話し合って解決できたことが実感できるようにする。 ◎ 本時の学びと今後の生活とのつながりについて問いかけることで，学びを日常生活に生かそうとする意欲を高める。 ☆ 商に1加える場合について，図や半具体物等を使って考えている。

《学級活動（3）》　なりたい自分になるための目標を意思決定する

題材「○年生になって」（第3学年）（これまでの力をつなげて，目標を決めよう）

ねらい

目標達成に向けた姿や成功体験を全体で共有したり，なりたい自分に近づくために必要な力を話し合ったりすることで，新たな希望や目標をもって実践できるようにする。

本題材とキャリア教育

本実践は，学級活動の内容（3）「ア　現在や将来に希望や目標をもって生きる意欲や態度の形成」に当たる。児童がなりたい自分を見付けて目標を立てることを目指す。そのためには，前学期を振り返り，個人または協働で目標達成に向けて努力してきた姿を全体で共有する活動を通して，高まった力を十分に実感できるようにすることが大切である。日頃から，教師の多面的な児童理解により見取った個人や集団のよさをその場でまたは短学活等でフィードバックし，自他のよさに目を向ける温かな関係性を構築していきたい。あわせて，児童一人一人が「こんな○○になりたいな」，「○○ができるようになりたいな」等，なりたい自分への具体的なイメージをもって目標が設定できるようにする。そのために，これまで記録してきた「キャリア・パスポート」を見返しながら友達との対話を通して，自己を見つめて必要な力を見極め，目標を立てて実践することができるようにする。

全体構想

〔事前指導〕
・「キャリア・パスポート」に自己目標の振り返りを記入する。
・道徳科「自分でやろうと決めた目標に向かって，強い意志をもち，粘り強くやり抜くこと。」の学習を行う。

〔事前指導〕
□ 板書掲示用写真
・目標達成に向けて努力している写真等
□ ビデオメッセージ
・がんばりを見取ってくれた先生等から
・1つ上の先輩から
□ 記入用「キャリア・パスポート」

学級活動（3）
「ア　現在や将来に希望や目標をもって生きる意欲や態度の形成」

○ 導入では目標達成に向けて粘り強く取り組んできたことを全体で共有し達成感を味わうことができるようにする。
○ 展開ではこれまでの「キャリア・パスポート」を基に友達との対話を通して「なりたい自分」に近づくための目標を考えることができるようにする。
○ 終末では自己を見つめて，目標を設定できたことを振り返ることで，目標達成に向けての意欲を高める。

〔事後指導〕
・個人で目標達成に向けて努力している姿を見取り，フィードバックする。

本時のねらい

● これまでの成長を振り返るとともに友達との交流を通して，次の目標を設定することができる。

ロールモデルを提示して，近い将来への見通しがもてるようにする。

　3年生の児童にとって近い将来である4年生の児童からのメッセージは，なりたい自分を具体的にイメージするためのロールモデルとなる。4年生の児童には事前に話してほしい内容を伝えておき，ねらいからずれないようにすることが必要である。そのために本時では，「4年生の学習と行事」，「どのように目標を達成させてきたか」について話し合う。児童自らが4年生にインタビューする活動を取り入れてもよいだろう。

「キャリア・パスポート」の活用や友達との対話を通して，次の成長につながる目標が設定できるようにする。

　本時では，目標を設定する際に，以下の2つのことを大切にしている。

　1つ目は，累積している「キャリア・パスポート」を机に置いて，これまでどのような力が自分に身に付いたのかを見返すことを通して，なりたい自分を具体的にイメージできるようにすることである。

　2つ目は，児童同士の関係性を生かして，自分が立てた目標について友達から「がんばってね」と認められたり，アドバイスをもらったりする活動を設けることで，よりよい目標が設定できるようにするとともに，目標達成に向けての意欲を高めることである。児童は，日常の生活の中で協力する営みを通して，自分のもち味を発揮したり自他のよさに気付いたりしながら，自他理解を深めているので，この関係性を生かした活動を工夫する。

展開

過程	学習活動と内容	指導上の配慮事項と評価 配慮事項（○）　キャリア教育の視点から見た重要なこと（◎）　評価（☆）
導入	1　これまでの目標を振り返り，次の成長について話し合い，問題意識を高める。	○ これまでの学習や学校行事等で目標達成に向けて粘り強く努力してきた姿を写真や動画で提示し称賛するとともに個々と集団の成長に気付くことができるようにする。 ○ 相互評価により達成感を十分に味わうことができるようにする。
展開	2　なりたい自分に近づくためには，どのような目標がよいかを考える。 3　なりたい自分に近づくための目標の実現のための方法について，グループや全体で話し合う。	◎ 事前に録画した4年生の児童からのメッセージ映像を見ることで，近い将来を見通して目標が設定できるようにする。 ◎ グループや全体での話合いを通して，互いに励まし合ったりアドバイスしたりすることで，目標を決めることができるようにする。

> T：3年生の学習が4年生の学習にもつながっていくこと，目標を達成させるための解決方法など参考になりましたね。○月には運動会もありますし，○月には学習発表会もありますね。成功させるためにどんな力が必要ですか。「キャリア・パスポート」を見返しながら，これまで高まった力をつなげて次の目標を考えましょう。

まとめ	4　なりたい自分に近づくための目標や方法を決めて，「キャリア・パスポート」に書く。	☆ なりたい自分に近づくための目標や方法を決めている。

> T：自分を見つめて，次のなりたい自分に近づくための目標を考えることができましたね。友達と話し合って，自分の目標を見つめ直し，いい目標を立てそれに向けた方法を決めることができましたね。これから，実践するためにみんなでがんばっていきましょう。

第4章　各学年段階におけるキャリア教育（中学年）

《体育》　自分らしく生きることに自信をもつことができる

単元名　体の発育・発達

ねらい

体の発育・発達に関する課題を見付け，よりよい解決に向けて考える活動を通して，体が年齢に伴って変化すること，体の発育・発達には個人差があること，思春期になると体に変化が起こり，異性への関心も芽生えること，体の発育・発達には適切な運動，食事，休養及び睡眠が必要であることを理解できるようにする。

本単元とキャリア教育

本実践は，これから二次性徴を迎え，心身ともに変化していく時期の児童が，体と心の成長を肯定的に受けとめ，自分の生活を見直し，よりよく育つためにこれからどうすべきかを考える学習である。また，この時期は，思春期の体の変化が現れていない児童の方が多いので，これから起こる心や体の変化に対して，不安を抱かせないように指導し，これからの成長への展望をもつようにする。

日々の生活が自分の将来と関わっていることに気付き，未来の自分のために，今の生活を見直し，「自分らしさ」を大切にしながら，よりよく生活しようという意欲をもつことが大切になる。

また，二分の一成人式と関連させて学習することで，自分の成長の様子をより深く，知ることができる。この学習をした後には，道徳の時間で自分のよさを伸ばす主題をもつ題材で学習することで，体の成長の違いだけでなく，自分の個性を大切にしていく心情を育てたい。

全体構想

3年生の保健「けんこうな生活」

時数	主な学習活動
1 (本時)	(1)育ちゆくわたしたちの体 ・体は年齢に伴って変化すること，また，体の発育・発達には，個人差があることについて，理解したことを言ったり書いたりしている。
2	(2)思春期に現れる変化 ・体は，思春期になると次第に大人の体に近づき，体つきが変わってくることについて，理解したことを言ったり書いたりしている。 ・思春期になると，初経，精通などが起こること，また，異性への関心が芽生えることについて，理解したことを言ったり書いたりしている。
1	(3)よりよく成長するための生活 ・体をよりよく発育・発達させるには，適切な運動，食事，休養および睡眠が必要であることを理解する。

道徳科
「節度，節制」
自分でできることは自分でやり，安全に気を付け，よく考えて行動し，節度のある生活をすること。

「個性の伸長」
自分の特徴に気付き，長所を伸ばすこと。

本時のねらい

● 体は年齢に伴って変化すること，また，体の発育・発達には，個人差があることを理解している。

背の高さや体格も個性の一つとして捉えさせることによって，自分を大切にする気持ちを育てる。

　この時期の児童は体の発育・発達に個人差や性差が現れる時期でもある。客観的に物事を捉えられるようになっており，今までの成長を素直に喜ぶ反面，友達と比較することで，現在の自分の体やこれから起こる変化について不安を感じている児童もいる。指導に当たっては，自分の体の発育を肯定的に受け止め，背の高さや体格も個性の一つとして捉えることによって，自分を大切にする気持ちを育てよう。

展開 （1/4）

過程	学習活動と内容	指導上の配慮事項と評価 配慮事項（○）　キャリア教育の視点から見た重要なこと（◎）　評価（☆）
導入	1　教科書の赤ちゃんの実物大の手形や靴の写真と，自分の手や靴の大きさを比べる。 2　本時のめあてを確認する。 **私たちの体は，どのように成長してきたのでしょうか。また，これからどのように成長していくのでしょうか。**	○ 用意できるのであれば，赤ちゃんの頃の服や靴などを実際に見せれば，成長をより感じることができる。 ○ 赤ちゃんの頃に比べて成長していること，自分だけでなく，他の人も一人一人成長していることに気付くようにする。
展開	3　入学してから4年生までの自分の身長の伸びを確かめる。 4　6人の6歳〜15歳までの身長の伸び方を比較し，共通点や個人差について考える。 　・まず，個人でワークシートに気付いたことを記入し，その後，グループで交流する。 5　10年間で身長以外に成長したことを考えさせる。 　・赤ちゃんの時は，歩けなかったけど，今は速く走れるようになった。 6　体の発育から未来の自分をイメージし，自分にどのような言葉をかけるか考える。	○ 1年生から4年生のときまでの身体測定の結果を用意し，身長の伸びを紙テープで視覚的に確かめる。 ◎ 発育の個人差は，一人一人みんな自分らしく成長していることであることを強調し，次の活動につなげていく。 ○ 体は年齢とともに，発育し変化することを整理する。 ○ 男女6人の身長の伸びを表した絵を基に，違いや共通点などについて考え，身長などの体の発育には，男女差や個人差があることを見付けるようにする。 ☆ 体は年齢に伴って変化すること，また，体の発育・発達には，個人差があることを言ったり，書いたりしている。 （発言・ワークシート） ◎ 自分の発育をみつめて，身長だけでなく，心や体のいろいろなところが成長していることに気付くようにし，自己肯定感や自尊感情を育てるようにする。 ○ 「自分らしく成長していこう。」など，これからの自分の成長に期待がもてるようなメッセージが書けるように，声をかける。
まとめ	7　今日の学習で分かったこと・気付いたことを振り返る。 8　振り返ったことを交流する。	○ 学習をまとめて，毎日の生活や，これからの学習に生かせることを考える。

第4章　各学年段階におけるキャリア教育（中学年）

《図画工作科》造形活動におけるコミュニケーションを通した「人間関係形成・社会形成能力」の育成

題材名　絵本をつくろう

ねらい

● 想像したことから表したいことを見付け，紙類や絵の具についての経験を生かし，手や体全体を十分に働かせ，表し方を工夫して表すとともに，作品の造形的なよさや面白さ，表したいこと，いろいろな表し方などについて，感じ取ったり考えたりし，進んで山を舞台にした絵本を表現したり鑑賞したりする活動に取り組む。

本題材とキャリア教育

　本題材では，世界で1冊のオリジナル絵本を表す。物語づくりは，国語の学習とも関連付けた。自分の表したい思いを大切にし，表し方を工夫して絵や文をかいていく。出来上がった絵本は，友達はもちろん，地域の方々，下級生，家族の方にも見ていただく機会を設定し，他者とのコミュニケーションの機会を増やした。このような活動を通して，自分や友達のよさや個性などを認め，尊重し合えるようにしていく。出来上がった絵本を家に持ち帰り，「家読」に取り組むことは，親子の温かな触れ合いともなる。

全体構想

他者とのコミュニケーションの機会を増やし，感謝の心を育む。

> ① 5時間
> ・こんな山があったらおもしろそうだな」と想像したことから表したいことを見付け，どのように絵本に表していくか考える。
> ・画用紙3〜4枚に自分の表したい物語を，表し方を工夫して表す。
> ・製本をし，出来上がった絵本を互いに見合い，作品の造形的なよさや面白さ，表したいこと，いろいろな表し方などについて，感じ取ったり考えたりする。

↓

> ② 授業後の活動
> 家に持ち帰り，「家読」に取り組む。　　　　　　　　　　　［家庭との連携］
>
> ③ 授業後の活動
> 朝の読書タイムに，下級生に自分の絵本の読み聞かせを行う。　［異学年交流］

↓

> 学校図書館や公共図書館との連携
> 学校図書館に展示したり，公共図書館の絵本コンクール等に参加したりする。

本時のねらい

● 出来上がった絵本を地域の方々にも見ていただく機会を設定し，他者とのコミュニケーションの機会を増やし，自分や友達のよさや個性などを認め，尊重し合えるようにする。

実践のポイント

この授業を通して育てたい力を保護者や地域の方にも伝える。

　本時の授業の目標は，出来上がった絵本を互いに見合い，作品の造形的なよさや面白さ，表したいこと，いろいろな表し方などについて，感じ取ったり考えたりし，見方や感じ方を広げることである。この目標を協力者となる保護者や地域の方にも事前に伝え，理解してもらうことが大切である。例えば，形や色のよさや面白さ，児童の表したかったこと，表し方の工夫などの視点をもって，対話してもらうことが考えられる。自分のよさや個性が大切にされていることを感じた児童は，友達のよさや個性も大切にするようになり，温かなコミュニケーションが生まれる。また，よさや個性には違いがあり，どれもが大切にされるものだということを学んでいく。

展開

過程	学習活動と内容	指導上の配慮事項と評価 配慮事項（○）　キャリア教育の視点から見た重要なこと（◎）　評価（☆）
導入	1　ボランティアの方々を迎える。 2　本時の目標を確かめる。	◎　一緒に活動してくれるボランティアの方々を紹介する。
	自分や友達の絵本の表し方のよさを伝え合い，見方や感じ方を広げよう	
展開	3　自分の絵本を紹介したり，友達の絵本を見たりする。	○　交流を通して作品の形や色などのよさやおもしろさ，表したかったこと，表し方の工夫などを感じ取ったり，考えたりできるようにする。 ◎　友達やボランティアの方たちに，自分の思いや表し方の工夫を進んで伝えたり，感想を聞いたりしてコミュニケーションする姿を捉え，称賛する。 ☆　作品の形や色などのよさやおもしろさ，表したかったこと，表し方の工夫などを感じ取ったり，考えたりし，自分の見方や感じ方を広げている。
まとめ	4　本時の学習を振り返る。	○　交流を通して気付いた，自分や友達の作品のよさについて振り返り，絵本を表したり，伝えたりすることができてよかったという思いをもてるようにする。 ○　一緒に活動してくれたボランティアの方々に感謝の気持ちを伝え，人間関係を築く態度を育めるようにする。

《学級活動（3）》　自己マネジメント力向上による家庭学習の充実

題材　なりたい自分をめざして，家庭学習の計画を立てよう

ねらい

自己マネジメント力の向上を通して，家庭学習の充実を図る。

本題材とキャリア教育

本実践は，学級活動の内容（3）「ウ　主体的な学習態度の形成と学校図書館等の活用」に当たる。児童が目標達成に向けて自分に合った家庭学習の計画を立てることを目指す。自分の力で取り組む家庭学習だからこそ，家庭学習の意義を理解し，「自分を知る－計画を立てる－実践する－振り返る－見直す」というサイクルを通して，自己マネジメント力を高めることが求められる。本実践では，なりたい自分を意識できるようにするとともに，家庭学習の取り組み方を振り返って自己の課題に気付いたり解決方法を考えたりすることを大切にしている。自己マネジメント力を高めるためのサイクルを，家庭学習はもちろん，学校での学習，当番活動，各学校行事等，様々な場面で活用することを通して，なりたい自分に近づくことができるようにする。

全体構想

〔事前指導〕
・毎日記録しているスケジュール計画表を基に，家庭学習に関するアンケートを記入する。
・道徳科「自分でやろうと決めた目標に向かって，強い意志をもち粘り強くやり抜くこと。」の学習。

学級活動(3)
「ウ　主体的な学習態度の形成と学校図書館等の活用」

○導入では，アンケート結果やスケジュール計画表から自分の家庭学習への取組方を見つめる。
○展開では，がんばっている児童の姿，5年生や地域の方からのメッセージを基に，他者との対話を通して，なりたい自分に近づくための家庭学習の計画を考えることができるようにする。あわせて，図書館の活用についても触れる。
○終末では，翌週の家庭学習の計画を立てることができたことを振り返ることで，今後の実践意欲につなげる。

〔事前準備〕
□ 板書掲示用写真
　・がんばっている児童のスケジュール計画表※を拡大したもの
　・がんばっている児童の自主学習ノートを拡大したもの
□ ビデオメッセージ
　・1つ上の先輩や地域の方から家庭学習を続けるよさ等について
□ 翌週用のスケジュール計画表

※毎日記録する学習や生活の振り返りができるワークシートのこと

〔事後指導〕
・努力している姿を互いに認め合ったり，計画を見直したりする機会を定期的に設ける。
・児童の自主学習ノート等を掲示し，成長を実感させるとともに意欲の持続につなげる。

本時のねらい

● 家庭学習の意義を理解したり，自己を振り返ったりすることを通して，なりたい自分に近づくための家庭学習の計画を立てることができる。

実践のポイント

自己マネジメント力を育てるために，内発的な動機付けを大切にする。

　メディアに触れる機会が多い児童には，自分の学習や生活を調整したり，改善したりする力，つまり自己マネジメント力が求められる。自己マネジメント力を育てるために，本時では児童の内発的な動機づけを大切にしている。児童が今の学びと自己の将来とのつながりを実感できるようにするとともに，努力し続けることの積み重ねこそが，将来役に立つ力になることに気付くことができるようにして，家庭学習への意欲を高める。

展開

過程	学習活動と内容	指導上の配慮事項と評価 配慮事項（○）　キャリア教育の視点から見た重要なこと（◎）　評価（☆）
導入	1　アンケート結果やこれまでのスケジュール計画表（学習や生活の振り返りができるシート）から，頑張ってきたことに気付くとともに，問題意識をもつ。	○ 今学んでいる学習が将来につながっていることを全体で共有することで，家庭学習の大切さに気付くことができるようにする。
展開	T：みんなそれぞれに家庭学習でうまくいっていること，うまくいかないことがあるようですね。自分が思い描いているなりたい自分に近づくためには，今の課題を解決する必要がありますね。なりたい自分に近づくための家庭学習について考えましょう。	
展開	2　なりたい自分に近づくための家庭学習について考える。 3　これまでの自分を振り返り，今後の家庭学習の取り組み方について考えたことをペアや全体で話合い，アドバイスし合う。	◎ 意欲的に家庭学習に取り組む児童のスケジュール計画表や自主学習ノート等を提示したり，事前に録画した5年生児童と地域の方からの励ましのメッセージ映像を流したりすることで，学習時間や学習内容，学習に取り組む態度等について見直すことができるようにする。その際，図書を活用して学習している姿を取り上げることで学校図書館等の積極的活用につなげる。 ◎ 「継続は力なり」の意味を問いかけ，目標達成のために努力し続けることは自分を成長させるとともに，将来与えられた役割を果たす力や困難を乗り越える力につながることを伝える。 ○ 話合いを通して，課題解決につながる前向きなアドバイスをし合うことで家庭学習に取り組む意欲を高める。
まとめ	4　本時を振り返り，来週の家庭学習のめあてと計画をスケジュール計画表に書く。	☆ なりたい自分に近づくための家庭学習のめあてや計画を決めている。
まとめ	T：なりたい自分に近づくための家庭学習のめあてと計画を立てることができました。友達とアドバイスし合い，やる気も高まりましたね。今日から実行です。これからも「振り返る―課題を解決するための計画を立てる―実行する」を大切にして，がんばりましょう。	

《学級活動（1）》係活動に積極的に取り組み，働くことの楽しさに気付く

議題　クラスみんなが楽しい係を考えよう

ねらい

● 1学期の係活動を振り返り，より楽しい学級にするための係活動を主体的に考え，その活動内容を計画し，実行することができる。

● 協力して係活動をすることを通して，学級のみんなのために活動する喜びを感じることができる。

本議題とキャリア教育

　係活動は，学校生活の充実と向上のために，自ら進んで児童が創意工夫し，自発的，自治的に取り組むものであり，自分の得意なことなどを生かして活動できるものである。自分の得意を生かして，自分のことだけではなく，集団のために活動し認められることで，働く喜びを知るとともに，自己理解が深まり，自分に自信をもつことができる。

　また，仲間と支え合い，相談しながら，楽しい学校生活をつくろうと協同的に活動する中で，友達のよさに気づき，互いに認め合うこともできる。また，活動の内容を話し合う中で，自分の考えを伝えたり，友達の意見に耳をかたむけ，気持ちや考えを理解した上で，時には，折り合いもつけながら，話し合って活動内容を決定したり，目的に向かって計画を立てて実行する力を育てる。そうした活動を通して児童相互の結びつきを深めることもできる。

全体構想

① 1学期の係活動を振り返り，残したい係，新しくつくりたい係を見付ける。

② 学級をもっと楽しくするための係をつくろうという思いや願いを共有化できるように，学級全体で，1学期の係活動の振り返りを交流する。

③ 司会グループを中心に，話合いの計画をたてる。

④ 自分たちの学級に必要な係とその理由について一人一人が考える。（学級会ノート）

↓

〈学級会〉
どのような係が必要か，学級に必要な係について話し合う。（本時）

↓

① 新しいメンバーで係の活動内容を決める。

② 学級全体に各係の活動内容を報告し，係活動を行う。

〈日常的な活動〉

○係活動

○当番活動
・日直活動
・清掃活動
・給食当番活動等

○学級活動
(1)ア　学級や学校における生活上の諸問題の解決
　　イ　学級内の組織づくりや役割の自覚
(2)イ　よりよい人間関係の形成
(3)一人一人のキャリア形成と自己実現
　　<u>イ　社会参画意識の醸成や働くことの意義の理解</u>

〈道徳科〉

A[個性の伸長]
　自分の特徴に気付き，長所を伸ばすこと。

B[友情，信頼]
　友達と互いに理解し，信頼し，助け合うこと。

B[相互理解，寛容]
　自分の考えや意見を相手に伝えるとともに，相手のことを理解し，自分と異なる意見も大切にすること。

<u>C[勤労，公共の精神]
　働くことの大切さを知り，進んでみんなのために働くこと。</u>

C[よりよい学校生活，集団生活の充実]
　先生や学校の人々を敬愛し，みんなで協力し合って楽しい学級や学校をつくること。

本時のねらい

● １学期の係活動を振り返り，自分の考えを話したり，友達の考えを聞いたりしながら，学級がもっと楽しくなる係活動を考えることができる。

実践のポイント

係活動と当番活動の違いをしっかりと確認する。

　係活動と当番活動の違いをしっかりと指導する必要がある。窓係や電気係など，創意工夫できない係は，当番活動として設定し，係活動とは分けて活動するようにする。

　係活動の特徴としては，児童が必要とする係であること，継続的に活動できること，成果が学級に反映されること，複数で協力し合って活動できること，創意工夫が生かせることなどがある。

　学級会で話し合い，自分たちの学級が楽しく豊かになるような係を決める。

係活動が活発に行われるために，教師の適切な支援をする。

　係活動は児童の自発的，自治的な活動であるが，児童任せにするのではなく，教師の意図的な関わりが必要である。係によっては，活動が停滞したり，意欲が低下したりすることも考えられる。熱心に活動している係を紹介するなど，教師の適度な声かけにより，児童の活動意欲は高まる。

　係活動を活発に行うためには，仲間，時間，空間の三つの間が必要である。朝の会や終わりの会で，係からの連絡や発表を行うなどして時間を確保し，昼休みを計画的に活用したり，活動計画を立てたりして，見通しをもって活動することができるようにするとよいだろう。また，定期的に，活動の振り返りを行い，係活動発表会など，各係の活動をお互いに認め合う場をつくりたい。

展開

学習活動と内容	指導上の配慮事項と評価 配慮事項（○）　キャリア教育の視点から見た重要なこと（◎） 評価（☆）
1　提案理由，話合いのめあて，話し合うことを確認する。	○ 学級会の進め方の手引きを用意する。司会グループと事前に話合いの進め方について打合せを行う。
議題　学級をもっと楽しくするための係を決めよう。	
2　話し合う。 　話し合うこと①「必要な係を考えよう」 　　どのような係が考えられるか考えを出す。 　　学級に必要な係は何かという視点で意見を募り，係を絞ったり，合体させたりする。 　　・質疑応答を通して，出された意見の内容の共通点や相違点を確かめたり，理解したりする。その際に，出された意見を分類・整理し，話合いのめあてにより近いものや条件にあてはまるかという視点で，合意形成を図る。 　話し合うこと②「なりたい係を決めよう」	○ 時間短縮のため，学級会ノートを見て，短冊に予め書いておいてもよい。 ○ 話合いに向けての視点をもたせる。 　・係活動は学級全体が，楽しく，かしこく，仲よくなるためのものであることを確認する。 ◎ 多数決ではなく，合意形成を図って決定する。 ☆ 今までの係活動の振り返りを踏まえ，必要な係を考えることができる。
3　話合いで決まったことを確認し，本時の話合いを振り返る。 4　教師による振り返り。	○ 話合い活動での，児童のよさを褒めるとともに，これからの係活動の励みになるような助言を行う。

高学年

　小学校高学年におけるキャリア発達課題を達成していくためには，「自分の役割や責任を果たし，役に立つ喜びを体得する」「集団の中で自己を活かす」「社会と自己の関わりから，自らの夢や希望をふくらませる」という視点が大切である。ここでは，「四つの能力」ごとに，実践するに当たってのポイントをまとめてみる。

【人間関係形成・社会形成能力】

　集団の中で自己を生かすためには，他者の個性を尊重し，自己の個性を発揮しながら様々な人々と適切にコミュニケーションをとり協力して活動する必要がある。そのためには，「児童が自他のよさや個性に気付くことのできる場を意図的に設定すること」が大切である。その際，相手に対して思いやりの気持ちをもちながら，自分の考えを適切に伝えることのできる「コミュニケーション能力を育てる」ことが重要である。

　また，集団の中で自分の置かれている状況を受け止め，自らの役割を果たしつつ積極的に他者と協力・協働していくような態度を形成していくことも大切である。

《活動のねらい（身に付けさせたい力）》

- 自分の思いや考えを，場に応じた態度で適切に伝えることができる。
- 規範意識をもち，社会におけるルールや相手との約束を守るなど信頼される行動をとろうとする。
- 社会生活にはいろいろな役割があることやその大切さが分かる。
- 人のために役立つことをしようとする。（クラブ活動「地域の方に発表しよう」）
- 他者の意見を聞き，自分の考えを広めることができる。（6年国語「意見交換をして考えを広げよう」）

【自己理解・自己管理能力】

　高学年の児童は学校行事や児童会活動，異学年集団での活動などで中心となって活動する機会が多くなり，自分の役割や責任を自覚して活動するようになる。

　児童が自分の役割や責任を果たす多様な活動を通して，役立つ喜びを体得し，周囲から認められる経験をすることは，自己肯定感をもち，失敗を恐れずより高い目標を掲げ様々な役割を担うことへ挑戦しようとする態度を育てることができると考えられる。

　児童の自立心や自律性を重視しつつ，計画段階や実践の場における継続的な支援をすることにより，児童が困難を乗り越えて目標を達成できるように，児童一人一人に自己を生かす機会を保障することが求められる。

　また，学校生活に限らず，家族や社会の一員としての自分の役割を考え，自分のできることについて考えるようにすることも大切である。

《活動のねらい（身に付けさせたい力）》

- 自分の役割の必要性を理解し，責任をもって役割を果たそうとする。
- 自分の気持ちをコントロールしながら，前向きに考えて挑戦できる。
- 自分自身の将来について考えることができる。（6年外国語「My Future, My Dream」）

● 自己実現に向け，今の自分ができる取組みを決めることができる。（6年学級活動（3）ア「中学生に向けて」）
● 自己の成長を感じることができる。（5・6年学校行事「運動会の目標を立てよう」）

【課題対応能力】

　児童が働くことや学ぶこと，自分の将来を考えることの大切さに気付き，社会における様々な役割についての情報を収集・探索する力を身に付けることも，児童が生き方を選択したり課題を解決したりしていく上でおろそかにすることはできない。実感を伴って勤労や職業に関する理解を深めることができるように，体験活動を意図的に取り入れていく必要がある。

　また，社会の情報化に伴い，情報及び情報手段を主体的に選択し活用する力を身に付けることが重要となる。情報機器や図書などを効果的に活用して，幅広く知識を得たりする活動を確実に経験できるようにしたい。

《活動のねらい（身に付けさせたい力）》
● 必要な情報を収集して解決しようとする。
● 課題を発見し話し合い解決する。（5年学級活動（1）「思い出カルタをつくろう」）
● 解決方法を工夫して解決しようとする。（6年理科「電気の利用」）

【キャリアプランニング能力】

　各教科等の学習においても，様々な職業に触れる機会が多くなる。働くことや自分の将来を考えることの大切さに気付き，社会における様々な立場や役割を意識するなど，自分の将来に目を向ける児童が多くなる時期でもある。「働くこと」の意義や多様な生き方についての理解，目標の設定やその実現に向けた行動や改善などついて，学校生活の多様な場における経験や家庭生活での経験を通して気付かせたい。

　特に，「キャリア・パスポート」については，この時期に，それまでの学校生活と将来の夢や希望とを関連付けながら，中学校生活での目標を具体化させるなど効果的に活用することで，中学校生活への期待をふくらませることにも役立つ。

《活動のねらい（身に付けさせたい力）》
● 将来のことを考える大切さが分かる。
● 夢や目標に向かってあきらめずに努力することの大切さが分かる。
● 自分に必要な力について考えることができる。
　（6年総合「これからの自分に必要な力について考えよう」）
　（5年社会「情報を生かして発展する産業」）

《学級活動（1）ア）》　学級や学校における生活上の課題を発見し，解決しようとする態度を育てる

議題　5－4思い出カルタをつくろう

ねらい

学級における生活上の課題を発見し，話合いを通して，みんなにとってよりよい解決となるよう考えることができる。

本議題とキャリア教育

本議題は，「残りわずかとなった5年4組のよい思い出や，みんなの心が一つになったことを出し合って，思い出に残る活動をしたい」という願いの実現に向けて生まれた議題である。今回のカルタづくりと次の議題であるカルタ大会をすることを通して，1年間の学級での思い出を形とし共有することが，一人一人の学級への所属感をより高めていくことにつながる。お互いのよさに改めて気付き，みんなと学級目標の達成を目指すことで，残りの学級生活をより充実させることができる。学級活動は課題を発見・分析し，適切な計画を立ててその課題を解決しようとする態度を育むことに関わる活動といえるだろう。

全体構想

議題発生
5－4思い出カルタを作ろう

提案理由
5－4の仲間と過ごす時間が後わずかとなりました。コロナでいつもとちがう大変な生活をしたけれども，楽しい思い出もたくさんありました。そこで，今までの思いを伝え合い，クラスみんなの絆がもっと深まるように思い出カルタをつくろうと思いました。

（計画委員会）
「話し合うこと」「決まっていること」の検討
役割決め
活動計画作成

予告
議題に対する個人カードへの記入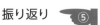

話合い（本時）
準備
集会

振り返り

※児童の自主的・実践的活動であることが大前提である。キャリア・カウンセリングの効果的な活用が大切である。

キャリア・カウンセリングの例

5－4の生活も後少し。まだ，思い出を振り返られてないね。

この集会をすることで，どんなクラスを目指したいと思っているのかな？

クラスの絆をもっと深めたいな。

大変なこともたくさんあったね。大変だったけど，みんなと協力してきたっていうそんな思いが話合いに出てくるといいね。

つくったカルタはその後どうするの？個人的には教室に飾りたいけど……。

ぼくは，友達と交換したい。

後を見通して考えるのは，大切ですね。三つ目の「話し合うこと」にしてみるのはどうだろう。

発表できたね！　ナイスチャレンジでした。意見を言ってみてよかった？

よかった！　みんなにも「がんばったな」って言ってもらえました。

● 学級で一年間過ごした思い出を共有する中で，喜び合ったことや達成感があったことを出し合い，みんなにとってよりよい活動内容を考えることができる。

実践のポイント

事前のキャリア・カウンセリングを充実させる。

　学級活動での，キャリア・カウンセリングにおける教師の役割は例えば次のようなことがあげられる。

① 活動の質を高める（議題選定・提案理由）
② 児童の活動の幅を広げる（個人カードへの記入）
③ 思考を深める（個人カードへの記入）
④ 児童の人間関係を深める（準備・集会）
⑤ よい学びに気付かせる（振り返り）

　主体的な課題解決となるよう，児童の発言を最大限に傾聴し，児童の思いを引き出そう。教師はよき指導者ではなく，よき「支援者」に徹することが大切である。

展開

【議題】5－4思い出カルタをつくろう	
学級会のプログラム	決まっていること
1　始めの言葉 2　議題の確認 3　提案理由の説明 4　決まっていることの確認 5　話合い	・次の学級会の時間に思い出カルタをつくる（2月12日4校時　教室） ・つくったカルタで「カルタ大会」をする（2月25日　体育館） ・1人ずつ取り札2枚，読み札1枚をつくる ・取り札の大きさは画用紙8つ切り
話合いの流れ	指導上の配慮事項と評価 配慮事項（○）　キャリア教育の視点から見た重要なこと（◎）　評価（☆）
【話し合うこと①】 カルタには何を書くか	○ 提案理由に基づいて5年4組ならではの思い出について話し合えるよう助言する。 ◎ 具体的な思い出を例に挙げた話合いにすることで，カルタのイメージがもちにくい児童に対する一助とする。 ☆ 喜び合ったことや達成感があったことを出し合い，学級での思い出がつまった内容を考えることができる。（観察）
【話し合うこと②】 役割はどうするか	○ 話し合うこと②では，実践するための必要な役割を決定できるよう留意し，抜けがある場合は会員の立場として助言する。
【話し合うこと③】 カルタ大会後にカルタをどのように活用するか	○ 多様な活用ができるよう助言する。
6　決まったことの確認 7　先生の話 8　終わりの言葉	◎ 話合いのよかった点と課題を具体的に伝え，次の活動に向けた意欲付けを行う。

第4章

各学年段階におけるキャリア教育（高学年）

《社会》情報化が進む社会で「働くこと」に目を向ける

単元名　情報を生かして発展する産業（第5学年）

ねらい

　様々な産業における情報の活用の仕方について調べ，国民生活に果たす役割を考え，産業を発展させたり国民生活を向上させたりしていることを理解できるようにする。

本単元とキャリア教育

　本単元では，情報や情報通信技術を生かして発展する産業について調べることを通して，産業と自分たちの生活との関わりについて考える。情報や情報通信技術を活用して，情報化が進む社会で働く自分自身の今後の在り方まで考えることができるようにすることで，「キャリアプランニング能力」を培うことにつなげることもできる。

全体構想

主な学習活動	時数
コンビニエンスストアの利用経験を基に，販売業における情報や情報通信技術の活用について話合い，学習問題をつくる。 販売業では，情報や情報通信技術をどのように活用して売り上げを上げているのだろう。	1
コンビニエンスストアでは，情報や情報通信技術を生かしてどのような工夫が行われているのか調べる。 ・客のニーズに応える販売の工夫 ・商品管理や配送の工夫 ・サービスの広がりや他の産業とのつながり	3
販売業や運輸業において，情報や情報通信技術を活用して発展している事例について調べる。	3
情報や情報通信技術を活用して産業が発展することと自分たちの生活との関わりについて考えをまとめる。	1 （本時）

【関連学習】
学級活動(3)アイ
情報を上手に活用しよう
（1時間）

・情報を上手に生かして社会で活躍している人が，情報活用の際に大切にしている行動を知る。
・自分の将来の目標を見据えて，大切にしたい情報活用に関する行動を考える。

●情報や情報通信技術を活用して産業が発展することと，自分たちの生活との関わりについて考えようとしている。

実践のポイント

　様々な産業が情報化を進め発展していくことが，社会全体の動きや自分たちの生活の変化に直結していくことを理解させ，情報化が進む社会で働く自分自身の今後の在り方と現在とを関連付けて考えることができるようにし，「キャリアプランニング能力」の育成につなげることもできる。

展開（8/8 時間）

過程	学習活動と内容	指導上の配慮事項と評価 配慮事項（○）　キャリア教育の視点から見た重要なこと（◎）　評価（☆）
導入	1　販売業など，様々な産業において情報や情報通信技術を活用して発展していることを振り返る。	○ 情報や情報通信技術の活用が産業を変え，自分たちの生活の変化にもつながることに気付かせる。
	情報や情報通信技術を活用して産業が発展することと，自分たちの生活との関わりについて考えをまとめよう。	
展開	2　情報や情報通信技術を活用して産業が発展することのよさと課題について整理する。 ・産業の発展により自分たちの生活の利便性が向上したこと。 ・国民は適切な情報を見極める必要があること。	◎ 販売業や運輸業の事例で調べたことをもとに，情報を活用して産業が発展することのよさと課題について整理させる。
	3　情報や情報通信技術を活用して産業が発展を続けることで自分たちの生活はどのように変化していくか，産業や国民の立場を踏まえて，話し合う。	◎ 情報や情報通信技術を活用して産業が発展することのよさと課題を踏まえ，これからどのように産業は発展し，国民生活は変化していくのかを多角的に考えようとしている。
まとめ	4　情報化社会のよさや課題を踏まえ，情報化による産業の発展と自分たちの現在や将来の生活との関わりについて，自分の考えをまとめる。	☆ 情報化による産業の発展と自分たちの現在や将来の生活との関わりについて，自分の考えをまとめることができる。

《外国語》中学校生活や将来について考える

単元名　My Future, My Dream（第6学年）

ねらい

中学校生活や将来について考え，話を聞いて，その概要が分かったり，伝え合ったりすることができる。

本単元とキャリア教育

本単元では，中学校生活や将来の夢などについて，伝え合ったり，話したりすることができるようにする。小学校生活を振り返りながら活動を進めることで，自己理解を深め，新たなステージの目標を意識することができるようになる。中学校生活への期待をふくらませることにも役立つ。

全体構想

時数	主な学習活動
2	中学校生活や将来について考え，夢を発表しよう。 ① 中学校生活や将来の夢について，中学生の話を聞く。
2	② 中学校で楽しみな学校行事や入りたい部活動，得意なこと，将来就きたい職業などについて，指導者や友達とやり取りする。 ③ 中学校で楽しみな学校行事や入りたい部活動，得意なこと，将来就きたい職業などについて，例文を参考に伝えたい文章を書く。
2	④ 中学校で楽しみな学校行事や入りたい部活動，得意なこと，将来なりたい職業などについてスピーチをする。
2	⑤ 世界とつながる仕事や，英語と日本語との違いについて考える。

学級活動（3）ア
中学生になるわたし

・今の自分を振り返りながら，中学校生活に向けた，自分自身の目標を明確にする。

国語
様々な生き方について考えよう。

・自分の将来や生き方について考える。
・自分の考える「プロフェッショナル」を文章にする。

総合的な学習の時間
将来なりたい職業について発表会をしよう。

本時のねらい

● 中学校生活や将来の夢などについて，その概要を伝え合ったり，話したりすることができる。

実践のポイント

実際に進学する中学校の様子をリアルに伝える。

進学先の中学校の学校行事や部活動について，紹介スピーチを予め録画しておいて視聴させたり，中学校配属のALTに紹介してもらったりするなど，実際の中学校の様子がリアルに伝わるような工夫をするとよいだろう。

シンプルに伝えるよさを生かす。

英語で表現できることはシンプルなので，自分の思いと端的に向き合うことができる。自分自身を振り返ることを大切にしながら，英語でシンプルに伝え合うことを通して，中学校生活への希望がふくらむようにする。

展開 （3/8 時間）

過程	学習活動と内容	指導上の配慮事項と評価 配慮事項（○）　キャリア教育の視点から見た重要なこと（◎）　評価（☆）
導入	1　小学生と中学生による，中学校生活や将来の夢についての対話を聞き，「楽しみたい行事」と「得意なこと」を聞き取る。 **○○○中学校の行事を知ろう。**	○ 実際に進学する中学校では，どのような行事があるのか関心をふくらませることができるようにする。
展開	2　○○○中学校の行事の様子を知る。 3　楽しみたい学校行事や得意なことなどについて，指導者や友達とやり取りする。 4　○○○中学校の行事の内，自分が楽しみたいと思う行事を選択し，例文を参考に伝えたい文を書く。 5　中学校で楽しみたい学校行事や得意なことなどについてたずね合う。	○ ALT が作成した行事紹介動画を視聴させ，中学校生活への関心を高める。 ◎ 自分自身のこれまでの小学校生活を振り返り，今の自分とのつながりを意識しながら選択できるようにする。 ☆ 自分が中学校で楽しみたい行事や得意なことを英語で話している。
まとめ	6　振り返る。	○ 進学に向け，期待がふくらむようにする。

《理科》生活とつながる問題解決

単元名　電気の利用（第6学年）

ねらい

電気の量や働きに着目して，それらを多面的に調べる活動を通して，発電や蓄電，電気の変換についての理解を図り，実験などに関する技能を身に付けるとともに，より妥当な考えをつくりだす力や主体的に問題解決しようとする態度を育成する。

本単元とキャリア教育

本単元では，電気の働きや利用について学習し，自分自身で電気を利用した物をつくることに挑戦する。問題解決の活動を行うことを通して，電気の性質や働きを利用してより良い生活につなげようとする意識を高めることにつなげる。

全体構想

主な学習活動	時数
電気をつくる ・電気と自分たちの暮らしとの関わりについて問題を見いだす。 ・手回し発電機や光電池を使うと，発電することができることをまとめる。	2
電気の利用 ・電気は，蓄電したり，光，音，熱，運動などに変えたりして利用できることを調べ，まとめる。 ・豆電球と発光ダイオードの特長を捉える。	1
電気の有効利用 ・センサーで明かりをつけたり消したりするといったプログラミングを体験する活動を通して，電気を効率的に使うための工夫について考え，まとめる。	4
電気を利用した物をつくろう ・これまでの学習を生かして，電気を利用した物を作る。 ・電気の働きや利用について学習したことをまとめる。	5

【他教科とのかかわりの例】

家庭科
季節の変化に合わせた生活の大切さや住まい方（3時間）

・暑い日はどのように過ごしているだろう
・すずしく快適な住まい方を知ろう
・エコ生活ですずしさをアップしよう

家庭科
環境に配慮した生活（4時間）

・自分の生活と身近な環境との関わりを考えよう
・物の使い方やエネルギーをどう使うか
・環境に配慮した生活を続けよう

本時のねらい

● センサーを使用して明かりをつけたり消したりするといったオリジナルプログラムを考えることを通して，自分たちの生活の中にある身近なものが，電気を効率的に使用できるように工夫されていることを理解する。

実践のポイント

センサーは，身近な照明器具などにも活用されるなど，生活の様々な場面で用いられていることを確認する。その上で，より良い社会のために，電気の性質や働きなど理科で学習した内容を利用しようとする意識を高める。

展開（4/5時間）

過程	学習活動と内容	指導上の配慮事項と評価 配慮事項（○）　キャリア教育の視点から見た重要なこと（◎）　評価（☆）
導入	1　前時に設定した問題と使用するセンサーの閾値（センサーが反応する値）を確認し，解決への見通しをもつ。	○「電気を無駄なく使うために，センサーで必要なときだけ電気を使うこと」を意識しながら問題の解決に当たることを確認する。
	センサーを使って電気を効率的に使うプログラムをつくろう。	
展開	2　センサーの示す数量と個人が感じる「程度」の関係を示し，閾値を意識しながら，各自が解決したいことに沿って，センサーを使ったプログラムを考える。 （プログラム例） ・光センサーで，暗くなったと感じたら，電気がつく。 ・人感センサーが人を感じたらメッセージが流れる。 ・振動センサーが揺れを感じたら指示をする。 3　グループでプログラムを紹介し合い，閾値の設定やプログラムの組み方について検討する。 4　できあがったプログラムを全体で共有する。	◎　自分の身の回りにあるものを想起しながら，プログラムを考えるよう言葉がけを行う。 ○　電気を「効率的」に使えるかという視点でプログラムの実行を確かめるようにする。
まとめ	5　学習を振り返る。	◎　電気の性質や働きが，生活の中で役立つものとなっているという意識を高める。 ☆　身の回りには，電気の働きを目的に合わせて制御したり，電気を効率よく利用したりしている物があることを捉える。

《国語》　これからの社会の生き方について交流し，自らの考えを広げる

単元名　「意見交換をして考えを広げよう」

ねらい

　複数の文章を重ねて読み，それぞれの筆者の主張を捉えたうえで，これからの社会の生き方について自分なりに考えをまとめ，他者と交流することで考えを広げていくことができる。

本単元とキャリア教育

　この単元では学習の最後に「これからの社会でどう生きていくか」というテーマで意見文を書き，交流する活動を設定することができる。インターネットを利用する機会も増え，児童も多くの情報に触れている。また一方で，手軽に文字や映像でやり取りできる通信手段が発達し，直接のコミュニケーションは減る傾向にある。筆者が取り上げた話題に対して，児童自身が自分の経験を基に考え，情報化社会の中でどう生きていくかについて，自分の意見と他者の意見との相違点を明確にした上で交流することで自らの考えを広げる機会とするとともに，コミュニケーション能力を育てることにつながる。

全体構想

〈第1次〉（1時間）
・これからの社会と生き方について話し合うという活動への見通しをもつ。

〈第2次〉（5時間）
・「メディアと人間社会」，「大切な人と深くつながるために」を読み，論の展開の仕方や表現の仕方を捉え，筆者の考えを読み取り，感じたことや考えたことをそれぞれまとめる。
・二つの文章を比べ，それぞれの特徴や共通点を整理する。
・それぞれの文章から，自分の考えを書き出す。
・「これからの社会でどう生きていくか」というテーマで自分の意見をまとめる。
・まとめた内容を基に，グループで話し合う。
・話合いを通しての感想を交流する。
・グループでの意見交流を通して深く考えたことを基に，意見文を再構成する。

〈第3次〉（1時間／本時）
・意見文を基に，パネルディスカッションを行い，話し合う。
・話合いを通しての感想を交流する。
・単元全体を振り返る。

本時のねらい

● 文章を読んでまとめた社会や生き方についての意見を共有し，自分の考えを広げることができる。

実践のポイント

「これからの社会でどう生きていくか」本気で語れる場づくりを。

　本実践では，テーマの内容について，いかに具体的に話を進められるかにポイントを置いた。そうすることで，表面的な意向や願望に終始することなく，現在抱えている問題や社会への参加の仕方について当事者意識をもって話合いを進めることができる。実践では「メディアとの付き合いはますます深くなるだろう。」というパネリストの主張について，「家の人が，職場の人からスマホをもっていることを前提に仕事を指示されたことがある。」という話をフロアが展開し，教師からの「中学校に行って，スマホがある前提で友達と付き合うのはどうか?」という問題提起から交流を更に深めるなど，単元で学んだ学習内容から発展的に自分の生き方についてそれぞれが考えを広めることができた。一人ひとりが，事前に自分の意見を書き出してまとめていたこと，パネルディスカッションの形式を取り入れたことに効果があったように思う。本気で考え，自ら語りたくなるような場づくりの設定を工夫できるとよい。

　また，友達のよいところを認め励まし合う発言が，自然と見られる討論でもあった。そのような様子を教師が価値付けることで，多様な他者を理解し，協力・協働し生活しようとする態度をより一層養うことができるだろう。

展開（7/7 時間）

過程	学習活動と内容	指導上の配慮事項と評価 配慮事項（○）　キャリア教育の視点から見た重要なこと（◎）　評価（☆）
導入	1　前時までの学習を振り返り，本時のめあてを確認する。	◎ 話合いの目的を事前に伝えておくことで，めあてをより意識した活動にする。
	社会や生き方についての意見を共有し，自分の考えを広げよう。	
展開	2　パネリストの主張を聞き，自分の考え方と共通している点や異なる点についての意見を述べる。	○ 考えが出にくい児童には，自分の意見文を見返すように促し，自らの主張と比較させる。
	3　会場の参加者（フロア）も交えて全体でディスカッションする。	◎ 他者との意見交流を積極的に促し，自分の考えを広げさせる。 ☆ 文章を読んでまとめた社会や生き方についての意見を共有し，自分の考えを広げている。
まとめ	4　単元の学習を振り返る。	◎ 話合いそのものを振り返り，価値付ける。 ○ 単元の学習計画や学習課題と照らして振り返りを書く。

《学級活動（3）ア》　現在や将来に希望や目標をもって生きる意欲や態度を形成する

題材　「中学生に向けて」

ねらい

なりたい自分になるためには，周りの人とのよりよい人間関係を築きつつ，これからの生活で強い決意をもち，努力することが大切であることに気付き，今後の生活の仕方を意識して改善することができる。

本題材とキャリア教育

本題材は，小学校生活が残り少なくなった今，これまでの成長や頑張った姿を振り返り，将来を考えることで，自分のよさや可能性の広がりに気付き，残りの小学校生活に目標やめあてを設定し，主体的に実践していこうとする意欲を育むものである。事前に「キャリア・パスポート」を見返し，これまでの自分と向き合うことで自尊感情が高まり，本時の活動がより有意義なものとなる。自分が「できること」「したいこと」「なりたい自分」について，身の周りの人との相互関係を保ちつつ，中学校での自分自身の可能性を含めた肯定的な理解に基づき主体的に行動すると同時に，自らの思考や感情を律し，かつ，今後の成長のために進んで学ぼうとする力を養うことができる。

全体構想

1年生～6年生2学期　「キャリア・パスポート」の蓄積

6年生3学期
　事前①　中学校生活に向けてのアンケート記入
　事前②　中学校での入学説明会と部活動見学への参加
☆事前③　「今」の自分を知ろう

「キャリア・パスポート」に見入る児童

【音楽会　友達や，小学校のみんなの姿で心に残ったことを書きましょう】

みんなの頑張っている姿があったおかげで自分も頑張れた。努力してきたかいがあったと思えた。

【自然学校　ここが『成長』しました】

　自然学校で，クラスのみんなのやさしさが分かって，もっと，みんなと楽しむことができるようになったと思います。

友達から
A児　やさしくなった。
B児　そのとおり。やさしくなった。
C児　体育のときも，みんなと楽しめている。
D児　そのとおり。楽しめている。

【運動会を振り返って】
1年生から5年生には「やっぱり6年生はレベルが違う。近づけるように頑張ろう」と思ってもらえるようにしたいと思っていました。今までで，一番いい演技にするために，とにかく「一生けん命」にやりました。児童席から「お～」と言ってもらったりはく手をしてくれたりで，うまくできました。これからも，どんな困難があっても，「一生けん命」に最後までがんばろうと思いました。

本時　中学生に向けて

事後　めあての達成に向けて実践し，振り返る。
　　　⇒毎日の「頑張りカード」の記入，自己評価。努力している児童の紹介等。

本時のねらい

● 目指す中学生の姿に向けての，具体的な個人目標を意思決定することができる。

実践のポイント

「キャリア・パスポート」を振り返り，自分と向き合う時間を設定する。

　本実践では，自己を見つめ直す活動を事前に行った。この時期の児童には，自分の長所や得意なことを見付けられなかったり書き出すことを躊躇したりする児童が見受けられる。そのような時，「キャリア・パスポート」で過去の自分の頑張っている様子を振り返り，友達，保護者，先生など身近な周りの人たちの肯定的な言葉を受け止めることが，自分のよさを認めることにつながる。

　小学校生活で書き溜めた「キャリア・パスポート」を一枚一枚めくって見入る児童に教室は温かい雰囲気で包まれる。そのようなプロセスを経過することで，将来になりたい自分に向かって今後も前向きに取り組もうとする意欲を高めることができるだろう。また，実践後の先生からの一言も中学校生活の励みとなることだろう。

展開

過程	学習活動と内容	指導上の配慮事項と評価 配慮事項（○）　キャリア教育の視点から見た重要なこと（◎）　評価（☆）
導入	1　中学校生活と今のつながりや学習することの意義，将来の展望などについての課題をつかむ。 2　理想の中学校生活についてそれぞれの思いを出し合い，目指す中学生の姿をさぐる。	○　中学生に向けてのアンケート結果を共有したり，中学生の様子が分かる写真を見せたりすることで，みんなで楽しく進学したいという思いを深める。 ◎　理想の中学生像や中学校生活を話し合うことで，目指したい中学生のイメージをしっかりともつ。

中学校に向けて今できることを考えよう。

過程	学習活動と内容	指導上の配慮事項と評価
展開	3　目指す中学校生活に向けて自分たちが今から取り組めそうなことについて話し合う。	◎　自分だけでなく，クラス全体で成長することを意識して考えるように促す。 ○　グループで出された意見を更に全体で共有することで考えを広め，多様な選択肢から意思決定できるようにする。 ☆　目指す中学生の姿に向けての，具体的な個人目標を意思決定することができる。 （ワークシート）
まとめ	4　実現に向けて自分が取り組むことを意思決定し，発表する。 	◎　思いを目に見える形にしたり発表したりすることで，実践への意欲を高める。 （板書イメージ）

《学校行事》「キャリア・パスポート」を活用し，学校行事への意欲を高めたり，自己の成長を感じられたりする活動

題材　運動会の目標を立てよう

ねらい

● 昨年度の運動会の振り返りを基に，運動会のめあてを立てることにより，明確な目標と高い意欲をもって行事に取り組むことができるようにする。

● 昨年度の振り返りから，一年間の自分の成長を見つめ，更に成長しようとする態度を養う。

本題材とキャリア教育

　学校行事は，一人一人の個性を発揮しながら，集団としての一体感を感じられたり，自分の役割を果たすなどの責任感を培うことができたりする，児童の成長に大きく関わる場である。多くの学校でも，行事前に目標の設定や，行事後の振り返りが行なわれていると思われる。学校行事とキャリア教育を結び付けるために，本実践では，運動会という学校行事の振り返りを「キャリア・パスポート」の一部として扱うこととしている。「キャリア・パスポート」として学年をまたいで振り返りを引継ぎ，過去の自分と向き合って未来の自分を見つめていくことで，１年間の自己の成長が感じられるだけでなく，今後１年間の自己の成長にも思いを馳せることができる。「キャリア・パスポート」の活用に当たっては，学習指導要領に，学級活動（３）の指導で活用することが示されている。また，学校行事等の記録の活動のみに留まることなく，記録を用いて話し合い，意思決定を行うなど学習過程を重視すること（「キャリア・パスポート」の様式例と指導上の留意事項）と示されている。教師からの，次年度につながるコメントや児童同士の振り返りの交流も参考に，自分の意思決定につなげていきたい。

全体構想

〈昨年度の運動会の振り返り〉 ・「キャリア・パスポート」を活用する。	〈事前指導〉 「運動会の目標を立てよう。」(本時)	〈学校行事〉 ○自分が決めた目標に向かって取り組み，運動会をよりよいものにしよう。	〈事後指導〉 ○運動会を振り返ろう ・運動会の振り返りとして「キャリア・パスポート」を書く。
運動会の練習 ・目標を振り返る時間をもつ。	道徳科 ・個性の伸長 ・希望と勇気・努力と強い意志 ・よりよい学校生活，集団生活充実		〈次年度の運動会へ〉 ・「キャリア・パスポート」を活用する。

ねらい

● 昨年度の運動会についての振り返りを学級で話し合うことによって，今年度の運動会の学級目標を決めることができる。

実践のポイント

昨年度からのつながりを意識させる。

運動会後には，必ず振り返り，次年度につなげていくようにする。学校として，何を保存し引き継ぐのか共通理解をもっておくことが必要である。

意思決定に際しては，教師の関わりを大切にする。

自己評価や目標の設定に際しては，教師の対話的な関わりによって一人一人の目標修正，改善などを支援する。その際，学級（学年）としての目標との関連や，求められている役割についても意識させ，発達の段階に応じた目標設定がされるようにする。

学級内で共有する。

意思決定したことについて，学級内で発表の場をもち，キーワードにまとめるなどして，学級として協力して取り組むことができるようにすることが大切である。

事前指導における展開

過程	学習活動と内容	指導上の配慮事項と評価 配慮事項（○） キャリア教育の視点から見た重要なこと（◎） 評価（☆）
導入	1 運動会に向けてのめあてを立てることを確認する。	○ 運動会の意義を確認し，目標をもつことの大切さについて共通理解を図る。
展開	2 昨年度の運動会の振り返りを基に，よかった点と改善点を話し合う。 3 よりよい運動会にするために，どのようなことに気を付けて取り組んだらよいか話し合う。 4 各自のめあてを立てる。	○ 発達の段階に応じためあてを意識して活動できるようにする。 ○「キャリア・パスポート」を見て振り返る。 ○ 昨年度のビデオ動画や上学年からのメッセージなど，よりイメージしやすくする手立ても考えられる。 ◎ 運動会に向けて頑張ることを具体的に意思決定する。
まとめ	5 学級全体で共有する。	☆「キャリア・パスポート」の目標や今年度の運動会までの練習を踏まえ，自己の成長に気付いたり今後の生活に生かそうとしているか。（カード）

《クラブ活動》個性の伸長を図るとともに，個性を生かしながら，人のために役立つことをしようという意欲を育てる

活動名　地域の方に発表しよう

ねらい

● 自身の興味・関心に応じた活動において，それぞれが自分の役割を果たしながら協力して活動の成果を発表するとともに，地域・学校行事に参画・貢献する喜びや達成感を味わい，更に興味・関心を深めていこうとする態度を育てる。

本活動とキャリア教育

　学習指導要領には，「活動の成果について，クラブの成員の発意・発想を生かし，協力して全校の児童や地域の人々に発表すること。」と明記されている。それぞれの工夫やアイデアを生かしたり，自分の果たすべき役割について考えられるようにしたりすることが大切である。

　本実践では，自分たちが一年間かけて活動してきたことを生かして，地域にその成果を発表する活動を行う。学年集団の活動により興味関心を深めるクラブ活動のよさを生かしながら，それぞれの発達の段階に応じてキャリア発達を支援していくことが大切である。全校児童への発表のみならず，地域へと発表の場を広げることで，地域の一員として地域に参画する態度を養い，また，周囲からの肯定的な評価を得られることにより，自己有用感が高まっていくことが考えられる。自己有用感の高まりは，今後も地域や学校のため，人のために活動していきたいという意欲につながっていくものである。

全体構想

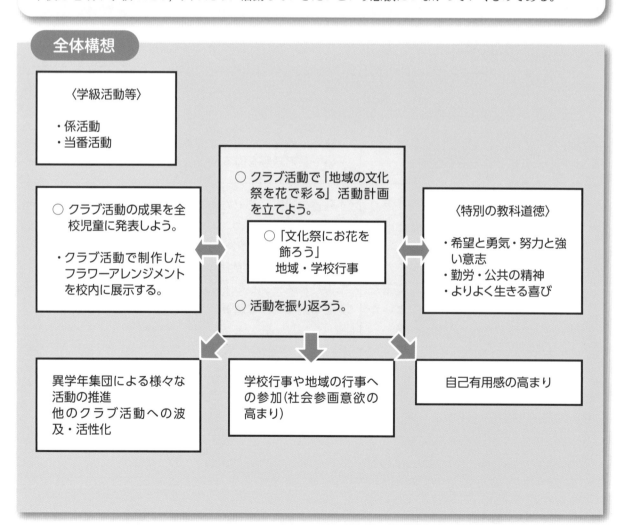

〈学級活動等〉

・係活動
・当番活動

○ クラブ活動の成果を全校児童に発表しよう。

・クラブ活動で制作したフラワーアレンジメントを校内に展示する。

○ クラブ活動で「地域の文化祭を花で彩る」活動計画を立てよう。

○「文化祭にお花を飾ろう」
地域・学校行事

○ 活動を振り返ろう。

〈特別の教科道徳〉

・希望と勇気・努力と強い意志
・勤労・公共の精神
・よりよく生きる喜び

異学年集団による様々な活動の推進
他のクラブ活動への波及・活性化

学校行事や地域の行事への参加（社会参画意欲の高まり）

自己有用感の高まり

本時のねらい

● フラワーアレンジメントの取組において，友達と協力することができる。

● 地域の行事へ前向きに参加しようとしている。

実践のポイント

地域の方の協力を得る。

　クラブ活動の指導・協力者として地域の人材に協力を依頼する場合もあるだろう。その際，1年間の見通しや学校としての願いなど事前の話合いをしっかりしておき，同じ思いをもって活動することが大切である。

学校全体で協力する。

　学校のみならず地域の行事への参加にもなる。主催の地域の方と連絡をしっかりと取り合うこと，一部の担当教師に負担がかかりすぎないよう，学校全体として支援を行う。

児童の自発的・主体的な活動になるように工夫する。

　1，2学期のクラブ活動の中でしっかり活動し，互いのよさに気付けるようにしていくことが必要である。自発的・主体的な活動にするために，どのような作品で活動の成果を発表したいのか，自分たちの活動が生かせる方法に気付かせていくことが大切である。

展開

過程	学習活動と内容	指導上の配慮事項と評価 配慮事項（○）　キャリア教育の視点から見た重要なこと（◎）　評価（☆）
導入	1　自分たちの活動を発表できる場について話し合う。	○ 自発的な活動になるように教師の関わり方に留意する。
展開	2　地域の文化祭にフラワーアレンジメントを飾る計画を立てる。 3　文化祭前日 　異学年のグループで協力してフラワーアレンジメントをつくり，会場に飾る。 4　文化祭後 　活動を振り返り，感想を述べ合う。 　協力してくれた講師の話を聞く。	◎ 発達の段階に応じためあてを意識して活動できるようにする。 ☆ 中学年：役割意識をもって友達と関わりながら活動している。 ☆ 高学年：リーダーとしての自分の役割や責任を果たし，役立つ喜びを味わっている。（観察） ◎ 一人一人の頑張りだけでなく，異学年の友達と協力したからこその成功であることをしっかり価値付けし，地域・学校の一員として地域の行事に参加することで得られる喜びや充実感を味わわせるようにする。
まとめ	5　集会や放送，掲示等で感想及び活動の様子などを紹介する。	○ 活動を振り返ることにより，有用感や次への意欲を高めるようにする。

《総合的な学習の時間》社会と自己のと関わりから，自らの夢や希望をふくらませる

単元名　これからの自分に必要な力について考えよう（第6学年）

ねらい

● 地域で働いている人々と関わる活動を通して，地域社会を支える様々な職業や機関について理解し，自分が将来就きたい職業やなりたい自分像について考えるとともに，将来に向けて夢や希望をもつことができるようにする。

本単元とキャリア教育

　総合的な学習の時間の目標には「よりよく課題を解決し，自己の生き方を考えていくため」と示されている。

　本単元では，児童が地域で働く人々と関わる活動を通して，自分にとっての学ぶことの意味や価値を考えていくことや自己の「生き方」について考える学習を展開する。将来について考える機会が増える時期に本単元を設定できると考えられる。

　実践に当たっては，学級活動（3）ウとの関連を図り，主体的に学ぶことについて学習を深めた後，総合的な学習の時間においては，自分自身に関すること及び他者や社会との関わりに関することの両方の視点を踏まえることから，将来展望・社会参画への意識を醸成することが大切である。

全体構想

○ 第1学年生活「秋の自然をつかった遊び」
・地域の人と関わりながら秋の自然をつかった遊びを体験する。幼稚園の園児に紹介し一緒に遊ぶ。

○ 第2学年生活「お気に入りの場所」
・近隣の商店や農園にでかけ，自分の生活との関わりに気付く。

○ 第3学年総合「○○地域の自慢を探そう」
・地域の特色をテーマに設定し探究する。

○ 第4学年総合「○○の自慢をアピールしよう」
・地域のよさをテーマに，行政や市外に向けてピーアールする。

○ 第5学年総合「○○に伝わる伝統文化を体験しよう」
・地域に伝わる伝統をテーマに，体験を通してそのよさや関わる人の思いを追求する。

第6学年総合「輝かそう私たちの今と未来」

・地域の福祉をテーマに設定し，追求する。
・学んできたことを基に将来について考えを深める。

〈学級活動（3）ウとの関連〉

○ これから私は，どのような勉強をしたり，力を身に付けたりすればいいだろう(本時)

単元計画

○ 地域の自然環境を守る取組に参加して感じた関心をもとに課題をつくり，解決の見通しをもつ。
○ 環境保全のために働く人々やボランティアで参加した地域の人々から思いや願いについて情報を収集する。
○ 持続可能な環境保全とするために，自分たちが今すぐにできること，将来できそうなことなどについて整理・分析する。
○ 地域住民向けの環境保全のイベントを開催する。

本時のねらい

● 地域住民と環境保全イベントを開催したことを振り返る活動を通して，地域の一員として地域社会を担うことについて考え，自分の将来に夢や希望をもち続けることができる。

実践のポイント

学級の中に互いの価値を認め合える風土を醸成する。

　高学年の児童にとって，自己の将来について友達に表現することに抵抗のある児童もいることが考えられる。学級に互いの価値を認め合える風土が醸成されていることによって，受け入れてもらえる安心感をもって本学習に取り組むことができる。

総合的な学習の時間での人との出会いや，体験活動を振り返られるようにする。

　体験活動から自分の将来について考えるために，働く人や地域住民の思いや願いを視点として振り返られるようにすることが大切である。そのためには，体験活動中の静止画や動画のほかに，インタビュー，アンケート，手紙などから，働くことの意味や自分の将来の生活について意見交換できるようにしたい。

特別活動や他教科等との関連を図る。

　国語科での伝記の学習や，職業について書かれた説明的文章や学級図書などは職業観を学ぶ上で参考になる。特別活動の学級活動（３）との関連を図り，一人一人が将来に向けての意思決定ができるようにする。

展開（34/35 時間）

過程	学習活動と内容	指導上の配慮事項と評価 配慮事項（○）　キャリア教育の視点から見た重要なこと（◎） 評価（☆）
導入	1　本時のめあてを確認し，見通しをもつ。	○ 本時の見通しをもてるように，学習活動を箇条書きで板書する。
	環境保全イベントの振り返りから，自分の将来で大切にしたいことをもてるようにしよう。	
展開	2　働く人や地域住民が大切にしていることで，共感したり，納得したり，驚いたことなどについて話し合う。	◎ 友達の考えや思いを肯定的に受け止めたり自分の考えを進んで述べたりする。 ◎ 今の学びを大切にすることが将来につながっていくという実感をもつことができるように支援する。
	3　グループ活動において，学習活動２で話し合った内容を，「職業観」「人生観」「郷土愛」「社会への参画」などの視点で分類しながら，自分の考えを具体的に友達に伝える。（Xチャートの活用） 4　環境保全イベントの参加者からの手紙を読む。	○ グループで交流し，友だちの意見を参考にしながら，付け加えたり，変更したりする。 ○ 学習活動４における環境保全イベントの参加者からの手紙は，次の内容を含むものを準備する。 ・社会の一員として期待されていること ・ボランティアする人になってほしいこと
まとめ	5　自分の将来で大切にしたいことや，今からでも自分にできることを振り返りシートに書く。	☆ 自分の将来に夢や希望をもち続けて，中学校でも頑張っていこうとする。

「小学校キャリア教育の手引き」作成協力者

（五十音順，敬称略，令和４年３月現在）

安 藤 紳 一　　香川県三豊市教育委員会事務局学校教育課主任指導主事

幾 馬 礼 奈　　京都府精華町立山田荘小学校教諭

管 野 弥 沙　　東京都世田谷区立尾山台小学校教諭

小 松 光 恵　　福島県棚倉町立棚倉小学校教諭

佐 藤　　潔　　秋田県能代市立二ツ井小学校長

陣 内 和 美　　兵庫県姫路市立津田小学校教諭

菅 原 弘 一　　宮城県仙台市立錦ケ丘小学校長

宗 田 活 季　　香川県三豊市立比地小学校教諭

田 野 早 苗　　京都府京都市立勧修小学校主幹教諭

○藤 田 晃 之　　筑波大学人間系教授

山 本 佐和子　　大阪府教育センター人権教育研究室指導主事

※ ○・・・作成協力者会議委員長

文部科学省においては，次の者が本書の編集に当たった。

清 重 隆 信　　初等中等教育局児童生徒課長

長 田　　徹　　初等中等教育局児童生徒課生徒指導調査官

「キャリア・パスポート」に関するQ＆Aについて（令和4年3月改訂）

初等中等教育局児童生徒課

問1 平成31年3月29日付け事務連絡「『キャリア・パスポート』例示資料等について」(以下：事務連絡)に示す事務連絡では「本資料を参考に，都道府県教育委員会等，各地域・各学校で柔軟にカスタマイズし，令和2年4月より，すべての小学校，中学校，高等学校において実施することとする」と示していますが，その趣旨はどのように考えればよいのでしょうか。

（答）
1.　学習指導要領 解説 特別活動編では「国や都道府県教育委員会等が提供する各種資料等を活用しつつ，各地域・各学校における実態に応じ，学校間で連携しながら，柔軟な工夫を行うことが期待される。」としていることから「キャリア・パスポート」については国からの各種資料の提示を待って実施することとしました。
2.　事務連絡では，平成29・30年度に文部科学省で行いました「キャリア・パスポート作成等のための調査研究」の成果等を踏まえて作成した「キャリア・パスポート」の例示資料及び指導上の留意事項をお示ししておりますが，これは文部科学省として本事務連絡の内容を参考に現在の取組のカスタマイズを検討いただきたいと考えたことによるものです。
3.　このような趣旨から事務連絡の「7 実施時期」に「本資料を参考に，都道府県教育委員会等，各地域・各学校で柔軟にカスタマイズし，令和2年4月より，すべての小学校，中学校，高等学校において実施することとする」としました。
　　（参考）※中学校，高等学校，特別支援学校も同様の記述あり。
　　○ 小学校学習指導要領 解説 特別活動編(平成29年7月)
　　　　国や都道府県教育委員会等が提供する各種資料等を活用しつつ，各地域・各学校における実態に応じ，学校間で連携しながら，柔軟な工夫を行うことが期待される。

問2 「キャリア・パスポート」の活用と学習指導要領の規定との関係はどのように考えればよいのでしょうか。

（答）
1.　学習指導要領では特別活動の学級活動(3)「一人一人のキャリア形成と自己実現」の指導の際に，「児童生徒が活動を記録し蓄積する教材等を活用すること」として「キャリア・パスポート」の活用を求めています。このため，学級活動(3)の指導に際して，このことに関する取組を全く行っていない場合には，設置者である教育委員会等において，これらに関する取組を行うよう指導することが求められると考えております。
　　※ なお，一部に「キャリア・パスポート」の活用を総合的な学習（探究）の時間で行うよう求める教育委員会や学校があると聞いていますが，学習指導要領では，特別活動がキャリア教育の要であることが明記されており，「キャリア・パスポート」の活用については，学級活動（ホームルーム活動）に関わる内容の取扱いに規定されていることにも御留意いただくことが重要です。ただし，「キャリア・パスポート」を書くだけの時間にはならないように御留意いただき，学級やホームルームでの話合いを生かして意思決定することが重要です。
2.　他方，「キャリア・パスポート」は，学習指導要領解説にお示ししているとおり，「各地域，学校の実態に応じ，学校間で連携を行いながら，柔軟な工夫を行うこと」とされていることから，学習指導要領の規定に基づき，各学校に対しどのような指導を行うかは学習指導要領解説や，事務連絡の趣旨を適宜参考とされながら，各地域，学校の実態に応じて適切に御判断いただくこととなります。

問3 多くの小・中学校では，すでに学級活動等で児童生徒の振り返りや記録を記入し蓄積していますが，それを活用することも可能ですか。

（答）
1.　お尋ねのとおり各学校等において，学期・学年を見通してめあてなどを立てたり振り返ったりする記録や学校行事の振り返りなど，すでに行われている取組がありましたら，それらの取組を生かしたり基盤にしたりして文部科学省から示された例示資料を参考としながら，各地域や各学校の実情に応じて柔軟にカスタマイズして活用いただくことも重要と考えられます。このため，新たに一から「キャリア・パスポート」を作成する必要は必ずしもありません。

問4 特別支援学校及び特別支援学級では,「キャリア・パスポート」の作成に際して,どのような点に配慮すればよいでしょうか。

（答）

1． 特別支援学校及び特別支援学級においても,小・中・高等学校と同様,学習指導要領に従い,「キャリア・パスポート」の活用に取り組んでいただく必要がありますが,例えば,児童生徒の障害の状態や特性等により,児童生徒自らが活動を記録することが困難な場合などにおいては,「キャリア・パスポート」の目的に迫る観点から,児童生徒の障害の状態や特性及び心身の発達の段階等に応じた取組や適切な内容を個別の教育支援計画や個別の指導計画に記載することをもって「キャリア・パスポート」の活用に代えることも可能としています。

2． したがって個別の教育支援計画や個別の指導計画が作成されていることのみをもって,「キャリア・パスポート」の活用に代えるということではなく,あくまでも,その内容が「キャリア・パスポート」の目的に沿っているかどうかに留意いただくことが重要となります。

（参考：事務連絡「キャリア・パスポート」の様式例と指導上の留意事項）

　3 目的

　　小学校から高等学校を通じて,児童生徒にとっては,自らの学習状況やキャリア形成を見通したり,振り返ったりして,自己評価を行うとともに,主体的に学びに向かう力を育み,自己実現につなぐもの。

　　教師にとっては,その記述をもとに対話的にかかわることによって,児童生徒の成長を促し系統的な指導をするもの。

問5「キャリア・パスポート」を校種間で引継ぎをすることの意義にはどのようなものがあるのでしょうか。

（答）

1． 小・中・高等学校の新学習指導要領では,総則において,それぞれに,「児童生徒が,学ぶことと自己の将来とのつながりを見通しながら,社会的・職業的自立に向けて必要な基盤となる資質・能力を身に付けていくことができるよう,特別活動を要としつつ各教科・科目等の特質に応じて,キャリア教育の充実を図ること。」について規定すると共に,特別活動においては,学級活動（3）「一人一人のキャリア形成と自己実現」を設けており,小・中・高等学校のつながりを明確にしたキャリア教育の充実を求めているところです。

2． このような点に鑑み,文部科学省では,「キャリア・パスポート」についても小・中・高等学校の校種間で引き継いで活用することが有効と考え,平成31年3月の文部科学省の事務連絡においても校種間の引継ぎの重要性について言及したところです。

　　このため,各学校において,学習指導要領の関連の規定や上記,事務連絡を踏まえつつ,それぞれの学校・地域の実態に応じて,柔軟に工夫いただき,キャリア教育の視点での円滑な接続を図っていただきたいと考えています。

（参考）以下のページ「進路指導・キャリア教育の更なる充実のための実践に役立つ資料」内 の「キャリア・パスポート特別編2」に実践事例があります。

https://www.nier.go.jp/04_kenkyu_annai/div09-shido.html

問6「キャリア・パスポート」の引き継ぎはどのように行えばよいのでしょうか。

（答）

1．「キャリア・パスポート」の引き継ぎにあたっては,「学年間の引き継ぎは,原則,教師間で行う」「校種間の引き継ぎは,原則,児童生徒を通じて行う」こととしています。

2． また,引き継ぐ「キャリア・パスポート」の形態については,作成・管理・送付等における媒体については限定していないため,学校での実施状況や進学先・転出先の実施状況等を考慮して,設置者及び学校長の判断としていますが,円滑な接続の観点から,設置者が同一の場合等はある程度(紙で持ち上がる,データで持ち上がる等)の統一を図ることも考えられます。

3． なお,どの方法・形態であっても確実な引き継ぎを行うとともに,各自治体及び学校設置者の個人情報保護規則や情報セキュリティポリシー等を踏まえ,個人情報の取扱いに十分留意して行うことが重要です。

　※問2でも示したように,「キャリア・パスポート」は,児童生徒が活動を記録し,蓄積するものであり,学級活動(3)で活用するものであることを踏まえて,適切に取り扱うことが求められます。

4． 設置者,各校において独自の名称で呼んでいる場合には,何が（どれが）「キャリア・パスポート」なのか生徒が認識できるように配慮をお願いします。

※ 例えば，教員の負担とならないよう，児童生徒が自筆で表紙等に「キャリア・パスポート」と追記するなどの手立てが考えられます。

5. 未整理(膨大なページ数)の「キャリア・パスポート」が引き継がれないよう，趣旨を確認の上，あらかじめの整理やまとめに関する指導をお願いいたします。

　　※ 例えば，児童生徒が自筆で記載したものを中心に選び，その他は返却等により引き継ぐものから除くよう助言するなどの工夫が考えられます。

　　※ 平成31年3月29日付け文部科学省初等中等教育局児童生徒課からの事務連絡では，「児童生徒が記録する日常のワークシートや日記，手帳や作文等は，「キャリア・パスポート」を作成する上での貴重な基礎資料となるが，それをそのまま蓄積することは不可能かつ効果的ではなく，基礎資料を基に学年もしくは入学から卒業等の中・長期的な振り返りと見通しができる内容とすること」とされています。また，同事務連絡では，「各シートはA4判(両面使用可)に統一し，各学年での蓄積は数ページ(5枚以内)とすること」とされています。同事務連絡を再度ご確認いただきますようお願いします。

問7 「キャリア・パスポート」を紛失した場合の取扱いはどのように考えればよいでしょうか。

(答)
1. 「キャリア・パスポート」を含めた各学校における文書等の取扱いは，各学校やその設置者の定めるところによりますので一概には申し上げられませんが，一般的には，可能な範囲で情報を集め，再度作成することが重要と考えます。

問8 「キャリア・パスポート」を高校・大学入試や就職試験に使用してはいけないのでしょうか。

(答)
1. 「キャリア・パスポート」を入試や就職試験等でそのまま活用することは，
   ① 高等学校や大学の入学者選抜等で使用するいわゆる「調査書」は各学校において作成するものである一方，「キャリア・パスポート」は児童生徒自らが記入するものであること，
   ② 入試や就職試験等での活用を前提に作成されたものではないことから適切ではなく，「キャリア・パスポート」の趣旨・目的からも考えられません。
2. 他方，例えば，児童生徒自らが入学者選抜や就職試験で面接を受けたり自己申告書に記入したりする際の情報の一つとして「キャリア・パスポート」を参考とすることは考えられます。

問9 児童生徒が転出入する場合，転入先の学校は，自校の様式に沿って作り直す必要があるのでしょうか。

(答)
1. 「キャリア・パスポート」を含めた各学校における文書等の取扱いは，各学校やその設置者の定めるところによりますので一概には申し上げられませんが，一般的には，これまでに作成した「キャリア・パスポート」を転学先の学校に持っていき，そのまま活用していただければよく，転学先の学校の様式で作り直す必要はないと考えます(なお指導上の理由等により，転学先の学校の様式で作り直すことを否定するものではありません)。

　　※ 「JAPAN e-Portfolio」が令和2年8月7日付で許可取り消しとなったことを受け，関連の項目を削除しています。

問10 学級活動・ホームルーム活動(3)の授業で，「キャリア・パスポート」を具体的にどのように活用すればよいですか。

(答)
1. 例えば，年度当初に学級活動(3)アの授業で「キャリア・パスポート」を活用して児童生徒が昨年度の学校生活や学習などを振り返り，自己の成長に気付くとともに，新たな学習や生活の目標を立てる際に生かすことが考えられます。具体的な学習展開やその他の例については，文部科学省児童生徒課から平成31年3月29日に発出した「『キャリア・パスポート』の様式例と指導上の留意事項」の中の各学校種の指導者用の資料の最後に，「キャリア・パスポート」を活用した授業展開例が掲載されているので参考にしてください

小学校キャリア教育の手引き

2023 年 3 月 14 日　初版第 1 刷発行

著　者／文部科学省
発行者／岩野裕一
発行所／株式会社実業之日本社

　　　　〒107-0062
　　　　東京都港区南青山5-4-30　emergence aoyama complex 3F
　　　　電話（編集）03-3486-8320　（販売）03-6809-0495
　　　　[ホームページ] https://www.j-n.co.jp/
　　　　[進路指導net.] https://www.j-n.co.jp/kyouiku/
　　　　小社のプライバシー・ポリシーは上記ホームページをご覧ください。

印刷所／大日本印刷株式会社
製本所／大日本印刷株式会社

ISBN978-4-408-41679-3 (教育)